blue notes
69

Annemarie Schwarzenbach (1908–1942) entstammt einer der angesehensten und reichsten Familien der Schweiz – und gerät früh mit ihr in Konflikt. Die promovierte Historikerin outet sich als Lesbe, bewegt sich in den antifaschistischen Kreisen um Erika und Klaus Mann und macht sich als Autorin, Fotografin und Reporterin einen Namen. Sie bereist Europa, den Orient, die USA und zuletzt, bereits während des Zweiten Weltkriegs, Afrika. Zwischendurch kehrt sie immer wieder in ihre Schweizer Heimat zurück, auch um sich in verschiedenen Kliniken von ihrer Drogenabhängigkeit zu kurieren. Sie stirbt mit nur 34 Jahren nach einem Fahrradunfall und einer darauf folgenden Fehlbehandlung in ihrem Haus in Sils-Baselgia im Engadin.

Walter Fähnders ist apl. Professor für Neuere Germanistik an der Universität Osnabrück. Seine Arbeitsschwerpunkte sind die Literatur der Moderne und der europäischen Avantgarde. Über Annemarie Schwarzenbach hat er u. a. den Sammelband *Annemarie Schwarzenbach. Analysen und Erstdrucke* (2005) sowie die Editionen von *Das Wunder des Baums* (2011) und *Afrikanische Schriften* (2012) mit herausgegeben.

Annemarie Schwarzenbach

Orientreisen

Reportagen aus der Fremde

Herausgegeben und
mit einem Nachwort versehen
von Walter Fähnders

ebersbach & simon

Inhalt

Annemarie Schwarzenbach in Taschkurghan
Afghanistan, Oktober 1939

Plaza Hotel

Es ist sicher gleichgültig, ob dieses »Plaza« sich gerade in New York oder in Bombay oder Kalkutta befindet, in Tokio, auf den Bahamas – sicher wohnen dort, auf den Bahamas, heute schon viele Leute, die reich sind und sich deswegen weder als »Emigranten« noch als »Refugees« zu bezeichnen brauchen, und ich weiß aus eigener Erfahrung, dass die Plazas und Ritz' und Palace-Hotels in der ganzen Welt sich gleichen: ihre Badezimmer haben die gleichen Ausmaße, der in ihren Bars eisgekühlte »Dry Martini« schmeckt gleich, auch die Preise, in Singapore und in Barcelona, oder auf dem Ozeandampfer, sind mindestens vergleichbar, – höchstens daß die Kellner und die Stewards in Suez die Jacken wechseln, denn gerade dort, am Ausgang des Suez-Kanals, erkältet man sich leicht, und es wird auch den Gästen anempfohlen, ihre weißen Dinner-Jackets aus Indien mit den schwarzen, in Europa üblichen Smokings zu vertauschen. Ich kenne Weltreisende, die in New York ihr Billet bestellt und gleich erklärt haben, sie hätten nicht mehr als drei Sommermonate Zeit, und die dann also in ihrer weißlackierten Kabine in knapp drei Monaten die Erde umsegelten, schneller als Jules Verne. Ich habe das Buch von Jean Cocteau gelesen, der auch den Rekord überbot und keine neunzig Tage brauchte, um in den Häfen von Indien,

China und Australien mit gelben, schwarzen und vor allem französischen Matrosen seine Opiumpfeife zu kosten und sich überdies in Japan von der französischen Botschaft zum Diner einladen, in Hawaii von schönen, eingeborenen Mädchen mit Seerosen bekränzen zu lassen. Ich erinnere mich ferner genau, wie ich nach einer langen Wüstenfahrt nach Jerusalem kam, dort im Hotel »King David Tower« zuerst einen Cocktail trank, dann ein Plakat sah mit der Ankündigung, dass der Geiger jüdischer Abstammung, der noch vor drei Jahren ein Publikum in Berlin in Entzücken versetzt hatte, als er das Brahms-Violinkonzert mit Furtwängler als Dirigenten spielte, – am gleichen Abend in der Zionshalle von Jerusalem das gleiche Konzert spielen würde. Im gleichen Hotel – ebenso gut hätte es »Jerusalem Plaza« sein können – traf ich fünf junge Mädchen und ihre beiden ältlichen Lehrerinnen aus einem Bostoner Mädchenpensionat. Sie waren 18 bis 20 Jahre alt, noch nicht verlobt, hatten Sommerferien, und sollten die Welt kennen lernen. Sie hatten den Hafen von New York, die Freiheitsstatue, den Felsen von Gibraltar, Marseille, Genua, den Vesuv, Capri und die Kanonen von Malta gesehen, hatten zum Frühstück kalifornischen, spanischen, dann Orangensaft aus Jaffa getrunken, hatten die Moscheen von Damaskus, die Ruinen von Baalbek, einen Kamelrücken und den See Genezareth gesehen und würden noch Indien sehen, das »Plaza« von Bombay, die Nächte und Kirschblüten von Japan. – Ich weiß jetzt auch wieder, warum ich mich an die belanglosen amerikanischen Pensionsschülerinnen genau so deutlich erinnere wie an das Konzert von Hubermann, das doch damals, als ich noch taumelte vom Schwindel weißer Nebel aus Hitze, von Entbehrungen und menschenleeren Weiten, über mich hereinbrach mit den vollen Klänge menschlicher Trauer, bewegter Süße. Die Mädchen im David-Tower-Hotel hingegen waren bestimmt belanglos, sind ohne Zwischenfall nach New York zurückgekehrt, haben sich ihre Abendkleider für die nächste Saison bestellt und sind jetzt glücklich verheiratet, mit wenig Erinnerungen, aber mit Sommerhäusern in Florida, in Palm Beach, Kalifornien, und Jachten.

Aber ich traf damals, in Jerusalem, nicht allein ein, sondern mit meinem jungen Freund Paul, einem Studenten der Anthropologie der Universität Chicago, der eines jener Mädchen kannte, mit ihr auf Jugendbällen getanzt hatte und sich beinah als ihr Verlobter betrachtete. Seit zwei Jahren saß Paul auf einem Ausgrabungshügel in Syrien; er war »hängen geblieben«, hatte eine prähistorische Höhle ausgegraben, kochen gelernt und sehr viel Whisky getrunken. Da kam das Telegramm aus dem »Plaza« in Damaskus, – er machte sich sofort auf, bat den Direktor, ihm ein paar Tage Urlaub zu geben, und mich, ihn auf der Wüstenfahrt nach Jerusalem zu begleiten. Während ich dann in der Zionshalle das Brahms-Konzert hörte, aß Paul mit seiner Jugendfreundin zu Abend. Als ich, nach dem Konzert, zu ihnen stieß, hatte Paul gerade eine Flasche auf dem Berge Karmel gereiften Rotweins bestellt und sie wärmen lassen wie einen Burgunder. Und Paul erzählte, – ich wusste schon, wie er erzählen konnte, aus einem Foxtrott machte er einen ekstatischen Indianertanz, aus einer Regennacht eine von Tropenstille erhellte Mondnacht und aus einem Schluck Whisky eine Orgie. Amerikanische Landstraßen in Georgia, seiner Heimat, wurden, wenn er so erzählte, die letzten Landstraßen der Welt, – und einer herrlichen, trunkenen, in Myriaden von Begeisterungen wie in Milchstraßen gebadeten Welt. Mein Freund Paul! –

Das Mädchen, Jean, schien mir auffallend hübsch. Sie trug ein leichtes, helles Sommerkleid und einen Blaufuchspelz um die Schultern. Als sie am nächsten Morgen im extravaganten Autobus abfuhr, kauften Paul und ich ihr in aller Eile ein echtes Silberarmband, schön ziseliert wie eine Damaszener Klinge, und mit Türkisen besetzt. Aber ich greife vor. Zusammen mit dem gewärmten Rotwein vom Berge Karmel erschien nämlich im verlassenen Esssaal des Hotels, gegen Mitternacht, eine der Pensionatslehrerinnen, um Jean in ihr eisgekühltes Schlafzimmer zu begleiten. Paul beeilte sich, er stammelte. »Wir haben, auf der Ausgrabung, einen ägyptischen Koch«, sagte er, »der kann auch Irish Stew machen, jeden Morgen gibt es Bier und Tomatensaft, am Abend bringt der taubstumme Diener Fichtenholz aus dem Libanon für das Kaminfeuer, wir trinken Raki, am Sonntag Whisky, damit man weiß, daß Sonntag ist, und dreimal habe ich schon die Federn des Sofas durchgebrochen – Du weißt schon, wenn ich den Indianertanz tanze, springe ich auf alle Möbel – und das Grammophon geht auch, und junge Hunde haben wir, zwei Wochen alt.« Jean hörte aufmerksam zu. »Es klingt herrlich«, sagte sie, »dieses Wüstenleben in Syrien.« Paul bat: »Es ist kein Wüstenleben, – wir haben grünen Rasen gesät im Hof, und meine Schädel solltest du sehen, und abends den Blick über die Ebene. Ach, ich bin glücklich, daß Du gekommen bist! – Du wirst doch wiederkommen, jetzt, nachdem Du alles weißt?«

Jean verließ den Saal, und Paul und ich blieben noch lange sitzen und tranken den Rotwein, den der arabische Kellner beinahe in einen Glühwein verwandelt hatte. Dann, am nächsten Tage, kauften wir das Damaszener Armband und fuhren sicher 20 Stunden durch die uferlose Wüste, um auf unsere Ausgrabung zurückzugelangen.

Vielleicht sitzt Paul jetzt noch dort, zwischen seinen Schädelhügeln, vielleicht mit den gleichen Whiskyflaschen, den gleichen alten Khakihosen und ungeschorenen Haaren irgendwo in Afrika. Geheiratet hat er jedenfalls nicht – und jedenfalls hat das Mädchen Jean nach ihrer Weltreise geheiratet.

Ich weiß auch gar nicht, warum ich mich jetzt, nach mehreren Jahren, plötzlich an Syrien und Jerusalem erinnere. Es ist Juli 1940, Hitze in New York, ich wohne im Plaza Hotel, warte täglich dreimal auf die Zeitungen aus Europa. Ich muß darüber nachdenken, ob man als junger, zufällig hierher verschlagener Europäer in Amerika leben könnte. In einem fortschrittlichen, reichen Land, mit Städten, Flugzeugverbindungen, Universitäten, einem Land, das vielleicht die einzige große Demokratie der Welt sein wird, einem Land jenseits des Ozeans, das aber ein riesiger, sozusagen autarker Kontinent ist – warum sollte man hier nicht leben können? Habe ich nicht, auf vielen Reisen nach Osten und Westen, gelernt, daß der Mensch beinahe überall leben kann, daß er für dieses bißchen Leben wenig braucht, und viel, nämlich das bißchen nicht zu benennender Hoffnung, eine Art von himmlischer Speise? – Oder sollte es daran liegen, daß ich nur deutsch zu schreiben verstehe, auf englisch aber eitel und geläufig daherrede, die Fremdsprache mißbrauche und mich einsam fühle, – aber ist es vielmehr, weil mich dieses Plaza Hotel an das Palace, das Palace an ein anderes Ritz erinnert, – diese großartige Stadt New York an alle wachsenden Großstädte (ja, mindestens die Vororte von New York, Chicago, Bombay und Birmingham haben eine fatale Ähnlichkeit!), – weil ich den tiefen Straßenschächten und zwischen den die Augen automatisch anziehenden Verkehrslichtern, inmitten dieser in ihrer Art perfekten organisatorischen Ordnung, nur noch ein perfekt organisiertes und reagierendes Lebewesen bin – und dieser Fähigkeiten müde? Eines Abends verließ ich das Plaza, zunächst, um meinen Hund ein wenig spazieren zu führen, und dann, um einen wichtigen Besuch und nachher einige Besorgungen zu machen. Zwischen dem Eingang des Plaza und der berühmten »Fifth Avenue« befindet sich ein kleines Viereck mit einem Brunnen, ein paar sehr dürftigen Blumenbeeten und einem rings um den Brunnen laufenden Asphaltweg für Fußgänger, Hundebesitzer, Gouvernanten und die ihnen anvertrauten Kinder. Ich ging langsam über diesen Platz, den Hund an der Leine, und hörte hinter mir eine Stimme. »Ist dieser Hund ein Chow?« Ich drehte mich um. »Ja«, sagte ich, »das ist ein Chow.« Auf dem Brunnenabsatz saß ein Mann in ziemlich abgetragenen Kleidern, mit blonden Haaren, die vielleicht schon etwas grau waren, und sehr klaren, hellen, wie von der Sonne und von Salzwasser gebleichten Augen. »In China und in der äußeren Mongolei heißen diese Hunde anders«, sagte der Mann. Ich setzte mich neben ihn, ohne irgend etwas zu überlegen, und obwohl ich eigentlich für meine Verabredung verspätet war. »Woher wissen Sie, wie man Chows in der Mongolei nennt?«, fragte ich. Der Mann antwortete, er verstehe chinesisch und habe viele solche Hunde dort in China gesehen. Er habe 36,000 Meilen zu Fuß zurück gelegt, auf den Straßen Chinas, in den mongolischen Wüsten, auf den endlosen Strecken zwischen indischen Städten, in Afrika und Australien, – am meisten aber in China. »Ich war nie in der Mongolei, ich bin nie weitergekommen als bis an den Rand von Afghanistan-Turkestan«, sagte ich. »Ich bin sieben Jahre lang gegangen«, sagte mir der Mann, »ich war zu alt, um eine gute Stelle zu bekommen, da dachte ich, es würde ebenso gut sein, die Welt einmal von innen zu sehen.« »Und wie gefällt Ihnen New York?« – »Die gewaltigste Stadt der Welt«. – »Aber es ist unerträglich«, sagte ich und schämte mich sofort, denn was heißt es, »unerträglich«. Der Mann antwortete aber freundlich. »Sie werden eines Tages auch die Mongolei sehen«, sagte er, – »wer einmal die fernen Horizonte gesucht hat, wird immer danach suchen. Aber reisen Sie ohne Geld. Gehen sie zu Fuß. Betteln Sie lieber, als in Luxuskabinen und Plazas zu wohnen. Nicht daß ich gute

Betten und gutes Essen verachte, aber es kostet zu viel, das gute Leben. Was ich nun in sieben Jahren gesehen habe – um welchen Preis könnte ich es hergeben?«

Ich hörte ihm kaum zu. Der Abend war hereingebrochen, ich wusste kaum mehr wo ich mich befand. Dann dachte ich plötzlich daran, dass ich mitten in New York sei, vor dem Plaza Hotel – und ob wohl meine Bekannte, eine reiche Amerikanerin, mit der ich zu Mittag gegessen hatte, sich auch auf eine Brunnenstufe setzen würde neben einen sogenannten Landstreicher. Natürlich nicht, – ich lachte hell heraus. Dann sah ich auf die Uhr und dachte, daß die Abendzeitungen schon vor 20 Minuten eingetroffen sein mussten. Mit den Nachrichten aus aller Welt.

[1940]

Neben dem Orient-Express

Wohlmeinende Stimmen hatten uns gewarnt: wir sollen den Wagen lieber auf ein Schiff verladen, oder auf den Orient-Expreß, dann würden wir heil und mit unverbrauchten Kräften von Istanbul aus starten können. Der Orient-Expreß, gewiß! – Als Kind schon hatte er mich entzückt, als ich ihn durch das Wallis dem Simplon zurollen sah: da brauchte man nur einzusteigen, und würde, unfehlbar, eines Morgens erwachen am Bosporus, an der Küste Asiens! Jahre später wurde der Zauber zur Wirklichkeit, und ich sah am Ende langer gelber Hügelketten Stambul aus dem Meer auftauchen – der herbstliche Balkan war hinter mir geblieben wie eine ungeborene Welt, traurig, arm, unter graubraunen Wolken düster verhüllt.

Es gibt Träume, die wiederkehren, man erwartet das vertraute Bild mit klopfendem Herzen. So ging es mir, als wir uns, bald hinter Treviso, der italienisch-jugoslawischen Grenze näherten: würde ich die Melancholie, den bangen Rhythmus der verschlossenen Wagenreihe wiederfinden, den kargen Gruß ärmlicher Bahnstationen? – »660 Kilometer bis Beograd« lasen wir auf dem Wegweiser hinter der Grenze, – wieviel bis Sofia, bis Plovdiv, Adrianopel, bis zum Goldenen Horn? – Die Fremde begann, wir würden keine Autostradas mehr haben, die Sprache der Bauern nicht mehr verstehen, – eben noch, so schien es, hatten wir beim Bäcker in Simplon-Dorf ein schwarzes Roggenbrot gekauft, und mit dem Geisbuben schweizerdeutsch geredet, eben noch die duftenden Gärten am Lago Maggiore, die Fischerboote am Gardasee begrüßt, und den sanften Hauch des pastellfarbigen Mittelmeers in der Bucht von Triest … jetzt: die Fremde, – trauen wir uns hinaus, die Straße ist schlecht, windet sich durch erste Hügel. Und Zigeuner lagern am Wegrand, – welches Nomadenlager! Planwagen und magere Pferde, Körbe und Lumpen, ein Feuer, ein Blasebalg, Mütter und Kinder schlafen zwischen den Wagenrädern im Schatten ausgestreckt; die Männer mit olivenfarbigem Teint und länglichen Augen, tragen die schwarzen Locken bis auf die Schultern. Wir werden diesem seltsamen Volk wiederbegegnen bis hinein nach Persien, – in einem bulgarischen Dorf führen die Burschen traurige, von der Hitze ermattete Tanzbären mit sich, – und überall lieben die schönen Mädchen blitzende Armreifen und bunte Halsketten. Dieses erste Zusammentreffen mit den unsteten Nomaden der Landstraße läßt einen Augenblick lang das Panorama sich auftun, das vor uns liegt, noch verschlossen in Wirklichkeit durch viele Hindernisse, bekannte und unbekannte – aber es ist *eine* Welt, ihre Wege kreuzen sich und setzen sich fort, und ihre tausendfältigen Schicksale verknüpfen sich tausendfach.

Aber der Alb und die Begierde der Ferne lösen sich, dieses Land Jugoslawien mutet heimatlich an mit seinen Hügeln, Wäldern und Feldern, seinen schönen Dörfern, Höfen und weißen Barockkirchen, seinen Laubbäumen an freundlichen Flußläufen. – Der Orient-Expreß, damals, fuhr zu schnell, machte nicht Halt bei einem ländlichen Gasthof, im Dorfe »Landstraß«, wo einst Maria Theresia in ihrem Schloß Münze schlagen ließ, bis die Türken kamen und es zerstörten: ein verwilderter Park ist übriggeblieben, und das Dorf heißt heute Costanjavica. Die Deutschsprachigen aber – erinnern sich des habsburgischen Klanges, der Offizierskasinos, des Militärdienstes, wo die Burschen »feine Manieren« lernten – sie erinnern sich, daß sie zu einem großen Reich gehört haben, wenn sie auch heute nicht ärmer sind als damals, an Brot und Eiern, Milch und Mais. Es wird viel von Hitler geredet in den deutschen Dörfern, man grüßt unseren ausländischen Wagen sogar schon mit erhobenem Arm, – oder man fragt uns sorgenvoll, ob jener »Führer« wohl auch Slowenien nehmen werde wie er es mit Deutschböhmen getan habe …

Wir erreichen die Donau, da wird das Land flach und die Getreidefelder setzen sich fort bis zum Horizont, bis zur Hauptstadt Beograd. Ueberall auf den Wegen in leichtem Trab die Gespanne schöner, ungarischer Pferde, und die Bauern in kleidsamer, weißer Tracht – der Anblick von soviel ländlichem Reichtum ist eine unentwegte Freude! Als wir uns, nach drei Tagen, der Grenze Bulgariens nähern, fragen wir uns: was wird anders sein? Es gibt echte Zufalls-Grenzen, im Orient-Expreß merkte man nicht viel davon, man schmeckte das Brot nicht, hörte keinen Gesang und Sensenklang. Aber wir, gleich nachdem wir das winzige Tal, den steinigen Weg zwischen den zwei von staubigen Soldaten bewachten Grenzstationen hinter uns haben, wissen, wir sind »in einem anderen Land«. Es ist wilder, gebirgiger, unzugänglicher – es ist romantischer, vielleicht schöner, vielleicht ärmer – es begrüßt uns mit leuchtenden Abendfarben, roter Erde, einem frischen Gebirgswasser, Frauen in weißen Kopftüchern und schwarzen Röcken winken uns zu – und als das Tal sich öffnet, der Weg in großen Kurven in die Ferne hinab steigt, empfinden wir zum ersten Mal die Nähe Asiens.

An was es liegt? Vielleicht ist es das schier erdrückend große Panorama einer weiten Hochebene, hinter der sich Kette an Kette reiht, bräunliche Berge, schon kahl auf der Sonnenseite, und in den wasserreichen Schluchten sammelt sich das Grün zu Oasen, worin die Dörfer sich bergen. Vielleicht sind es die Schafherden und bald die Bauern in türkischer Tracht, in Turban und weiter Hose, die Frauen verschleiert und scheu. – Sofia ist eine reizende und fast dörfliche Hauptstadt, Moscheen stehen neben orthodoxen Kirchen. Hier, wie in den Provinzstädten, weiß man nicht, fühlt man sich mehr an den Orient oder an Rußland erinnert, und schon tauchen neben dem vertrauten russischen Alphabet alte arabische Inschriften auf. – Bulgarenzaren, Fürstenherrschaft, Kämpfe um Philippopel an der Mariza, byzantinische Intriguen, List und Heldenmut fränkischer Kreuzritter – wir hören es mit dem Klang der Namen, aber wir sehen: die gleichen Bauern, die gleichen Dörfer, die gleichen Felder, die gleichen

Herden. Es ist Erntezeit in Bulgarien, neben weißen Rindern begegnen wir den ersten schwarzen Wasserbüffeln, diesen glatthäutigen Ungetümen mit flachen Hörnern und leidend gebeugtem Nacken, bis zum Hals im warmen Schlamm liegend wie Krokodile. Wir fahren durch das »Tal der Rosen«, Kinder strecken uns die letzten rosa Blüten entgegen, dafür sind die Lavendelfelder noch ein violettes, sanft betäubendes Meer, und in den Erdbeerfeldern hinter Plovdiv-Philippopel pflücken Mohammedanerinnen, armselige Frauen, barfuß und in langen Hosen, unter der herrischen Aufsicht eines Besitzers, der uns ein Kistchen von etwa zwei Kilo für vierzig Rappen verkauft. Wir begreifen: hier in Bulgarien ist mehr von der alten Türkei lebendig geblieben als drüben in Anatolien. Wohl begegnen wir Flugplätzen, sehen viel exerzierende Soldaten – aber Fabrikschlote sind selten, es gibt nur die Schornsteine der Rosenöl-Raffinerien in den Dörfern, und den Bauern läßt man gewähren, in arbeitsamer Armut, ob Christ oder Mohammedaner, nach alter Weise.

Die Grenze der europäischen Türkei, einige Kilometer hinter dem bulgarischen Städtchen Svilengrad: da liegt rechts, jenseits der breit dahinströmenden Mariza, Griechenland – die gleichen Hügel, von kleinen Feldern bedeckt. Viel umkämpfte Dreiländerecke …

Dann taucht, hinter einer Biegung des steinigen Wegleins, in einem wunderbar hellen Abendhimmel, ein Traumbild auf: über Hügelrand und Dächergewirr steigen leicht wie Rauch Minaretts empor, so zart, so wie an die Wolken rührend, daß man glauben möchte, sie seien aus keiner irdischen Materie: die Moschee Sultan Selim auf der Höhe von Adrianopel, erbaut von Sinan, dem Architekten der Suleymaniye in Stambul. Wir machen Halt, an uns vorüber eilen türkische Bäuerinnen, in ihre schwarzen Schleier gehüllt, zwei schwere Wassereimer an wippender Stange über der Schulter tragend. Es wird Nacht, die Welt atmet auf, und wir mit ihr – noch versunken in den ersten Anblick eines neuen, uralten Landes.

[1939]

Istanbul

Die Griechen haben das Wort erfunden, schwer und volltönend wie eine farbige Abendstunde vor dem Erlöschen: Melancholie. Der Balkan war voll davon – nur eine Ahnung ließ uns die flüchtige Durchfahrt von Ländern, Grenzen, Gebirgen und Hauptstädten – aber welche unerlöste Folge von Stunden, welch langsamer Abend, welches Einschlafen unter dem Druck dieser grauen Berge und bräunlicher Ebenen! Schafherden weideten überall, die Maisfelder standen in herbstlicher Dürre. Die Bauern sandten unverständlich schweigsame Blicke unserer verschlossenen Wagenreihe nach, die Frauen verbargen ihre vorgewölbten Leiber unter dickgefütterten Jacken, ihre zerfurchten Klagegesichter unter dunklen Kopftüchern.

Ich versuchte, mich an die Namen der großen Bulgarenzaren zu erinnern, der blutigen Schlachten mit den Byzantinern, an die türkischen Eroberer.

Da begann an einem elenden Bahnhof eine Bläserkapelle zu spielen. Es war schon dunkel, die Leute standen im Wind und bliesen, während der Zug sich in Bewegung setzte … ein Volkslied vielleicht … traurig und verloren wehten die Töne uns nach.

Heute morgen erwachten wir dann in einer neuen, urfremden Landschaft. Diese kahlen Hügelreihen, dieses Steppengras, diese zu weißen Wolken, von Windstößen gejagt – das war schon Asien, begrüßte uns schon wie rauher Nomaden-Schrei. Hirten, in Pelze gekleidet, die lange Flinte über der Schulter, jagten wie besessen auf ihren kleinen Pferden neben dem Bahngleise her, während die Ochsen in träger Ruhe mit breiten Hörnern und hellem Fell in der Morgensonne lagen. Bald tauchte das Meer auf – eine tiefblaue Bucht – leuchtend wie drüben an der verwandten Küste Südfrankreichs; hinausblickend wußte man: unendlich weit jenes geliebte Europa und fühlte sich wehmütig angerührt.

Mauern tauchten auf, byzantinische Reste, gegen Meer und Land gewendet. In ihren Breschen und Höhlen hatten Hirten ihre Zeltdächer aufgespannt, kleine Rauchsäulen stiegen schwankend in den bewegten Himmel. Und plötzlich war es Stambul, das mit Kuppel und Nadeln der Hagia Sofia (ein Kindheits-Traum-Bild) mit glänzenden Ufern, Schiffen, Segeln und einem Meer weißer Häuser, von hellblauem Dunst verschleiert, aus der Spiegelflut emporstieg …

Man wird in den Straßen der Stadt vom Eindruck des Zeitlosen, Ungewissen und Preisgegebenen überfallen wie von einer Versuchung. Wie oft spielt man mit dem Gedanken, das gewohnte Dasein an einer Stelle willkürlich abzubrechen, sich von den alten Orten, Freunden, Tätigkeiten zu trennen, in Anonymität unterzutauchen – und wie weit ist man stets wieder von dieser Versuchung des Schicksals entfernt!

Hier, die Stadt an der Grenze Asiens, die Meerespforte, das glänzende Schwert zwischen Osten und Westen: sie ist wie eine Drohung überpersönlicher, ja übermenschlicher und zeitloser Abläufe.

Hier werden Völker aus den östlichen Ebenen gesammelt und hinübergeworfen nach Europa, Religionen formen und scheiden sich und erstarren zu goldenem Bilderdienst. Hier landen Flotten, werden demütige Kreuzritter zu Thronräubern und östlichen Herrschern, Hellenen und Barbaren folgen aufeinander, und nichts ist der Einzelne oder ein Porphyrogeneto …

Wir waren in den Moscheen, Bazars und Handwerkervierteln. Wir sahen Bettler, kleine Mädchen, Wasserträger, Blinde und Betende, Popen, Makler, Fischverkäufer, Truthahntreiber – wir sahen all das Längstbekannte: den farbigen Orient, das Nie-ganz-zu-Erfahrende. Vielleicht ist es uns gelungen, eine gute Aufnahme des alten Mannes zu machen, welcher im Hof der Beyazit-Moschee sitzt: in einem hellroten, zerschlissenen Seidenmantel, die Hand zum Handeln und Geldeinnehmen ausgestreckt wie zur würdigsten Verrichtung und einen Weisheitsblick auf uns richtend, voll schmerzerfahrener Gelassenheit und ganz ohne Hohn.

Auch alte Frauen haben oft diesen Blick – man erinnert sich dann daran, daß die Türken ein Herrenvolk waren und Levantiner und Griechen, auch Ägypter, für sich handeln ließen.

Im großen Bazar war es sehr still. Die Leute priesen ihre Waren kaum zweimal an und ließen uns weitergehen – bis in die tiefsten und dunkelsten Gewölbe, wo Messingtöpfe, Lampen und Schwertklingen aus dem Dunkel der Nischen leuchten …

Dort saßen alte Männer neben zerlumpten Knaben, deren Augen wie Tieraugen glühten – sie schwiegen oder wiegten sich ein wenig und sangen. Manchmal hatten sie, zu Haufen aufgestapelt, alten Hausrat, darunter schöne, wenn auch meistens verdorbene und erblindete Stücke.

In alten Büchern sah man Miniaturen, deren zarte Goldlinien kaum noch erkennbar waren im vergilbten Papier – feingeflochtene Armbänder mit Türkisen und Korallen, wunderbar nebeneinander anzusehen – alte Klingen, zerbrochene Teller, in Farben bemalt, die man heute nicht mehr finden würde – russische Ikonenbilder mit rötlichgoldenen Heiligengesichtern und großäugigen Gotteskindern – köstlich bestickte Fetzen alter Leinwand; irgendwo, in einem besseren Laden, einen türkischen Frauenmantel, schilfgrün und golddurchwirkt, mit offenem stehenden Kragen, weiten, lang zulaufenden Ärmeln, für ein schlankes, hochgewachsenes und schmalschultriges Mädchen bestimmt.

Gegen Abend waren wir wieder auf dem großen, grasbewachsenen Platz der Suleimanye. Der Himmel, an dieser Stelle wie ein Baldachin über dem gobelingestickten Gemälde vom goldenen Horn, langen Brücken, angehäuften Barken, Galataturm und ansteigender Stadt Pera, den grünen Gärten des Serails, den blauen, bewegten Flächen des Bosporus, den reichen Ufern und Inseln und den gelben Küstenzügen, die schon Anatolien, Steppe, Asien aus der Ferne beschwören …

Ein Gebetsrufer sang von einem der weißen, leuchtenden Minarets. Seine Stimme hallte klagend, schwebte langsam von der Höhe herab, verklang, als er sich auf die andere Seite des Turmes wandte. Drüben, über Galata und Beyoglu, stieg ein leichter Nebel auf und verhüllte die Häusermassen. Auf unserer Seite war die Luft durchsichtig, leicht bewegt und kühl. Wir sahen auf die runden Bleikuppeln der alten Volksküchen des Kalifen hinunter, in die enge Straße, wo die Schmiede in den Mauerarkaden ihre dürftigen Werkstätten eingerichtet haben. Ihr Hämmern tönte dumpf, daneben Klappern von Eselhufen und Holzsandalen und langgezogene Abendrufe der Straßenhändler. Ein Mann ging langsam über den Platz, eine Katze auf dem Nacken. Als er sich an einem der Brunnen die Füße wusch, miaute sie ängstlich, sprang herab und strich durch das niedere Gras davon.

Die Gerüche in der Handwerkerstadt waren so durchdringend, daß mir beinahe übel wurde. Nicht nur Fische in flachen Körben: blauschillernde, große Tiere; nicht nur tausend Gewürze, Fleischmassen, Öle, Käse- und Quarkbuden, Melonen, Pfeffersäcke, Bier, gärender Traubenmost; nicht nur ungezählte Garküchen mit ihrem penetranten Hammelfettgeruch, ihren dampfenden Herdlöchern, Tomaten- und Fleischschüsseln, alles in gelber Fettsauce schwimmend – daneben noch, auf der Straße, in den Buden und Werkstätten kleine offene Feuer, Pfannen mit Gesottenem und Gebratenem, Fischkoteletts, überzuckerten Klössen, in Öl gedrehten Auberginen: ein erstickender Schwall schwerer Gerüche neben Staubwolken, Schmiederuß und feuchtem Wäschedampf. In den Fenstern der Garküchen sah man manchmal, neben Hühner- und Taubenleichen, nackte Hammelköpfe mit leeren Augenhöhlen wie heidnische Symbole über den dampfenden Schüsseln aufgerichtet.

Inmitten der Handwerkerstadt fanden wir die kleine Moschee, zu der eine Treppe zwischen den Häusern und Läden emporführt. Wir zogen die Schuhe aus und gingen hinein; ein Raum von unendlich reinen Ausmassen und beruhigender Wirkung empfing uns. Wände und Säulen waren ganz mit den köstlichen, blauweißen Fayence-Kacheln verkleidet: eine Ablenkung zuerst, sanfte Verwirrung stiftend – dann aber hinüberleitend zu Abstraktion und Andacht.

Ein Türke zeigte mir einen alten, handgemalten und handgeschriebenen Koran. »Nur solange darf man an dem heiligen Buch schreiben«, sagte er mir, »als man sich vom Denken fernhalten kann. Sobald der Gedanke die innere Ruhe stört, muß man mit der Arbeit abbrechen.«

Um die Abendstunde kamen viele Leute in die Moschee: alte Männer, Zerlumpte und phantastisch Gekleidete, ehrbare Handwerker und fettleibige Händler, Aristokraten und Gaunergesichter. Niemand beachtete uns. Durch die offenen, vergitterten Fenster drang der Lärm der Straße, Geschrei, Zank, Anpreisung und Feilschen herauf. Die Alten aber, auf hellen Teppichen kniend, verrichteten in tiefer Ruhe ihre mannigfachen Gebetsübungen.

[1934]

Therapia

Von allen Namen, die nach einer langen Reise in meiner Erinnerung haften, ist mir dieser der liebste. Vielleicht weil er so griechisch klingt, und so heiter wie ein anhebender Lobgesang auf unbeschwerte, an schönen Gestaden verbrachte Tage? – Vielleicht weil er am Anfang stehen sollte und nun in eine schon weit zurückliegende, verklärte Zeit gehört, – die Reise hatte ja kaum begonnen, ich hatte kaum die Rebenhügel und Bauerndörfer Jugoslawiens, die Erdbeer- und Rosenfelder und ockergelben Berge Bulgariens und die nadelfeinen Minarette von Edirne hinter mir gelassen, und mich noch nicht an die wechselnden Himmel der Balkanländer gewöhnt, da spiegelte sich schon Stambul im Bosporus! – Das bedeutet noch lange kein auch nur erstes, vorläufiges Ziel, – ich erkannte die gebuckelten Bazardächer wieder, das ansteigende Häusermeer und die feuchten Gassen von Pera, die breit ruhende Pracht der Hagia Sofia und Suleimanyie, hörte auch die brandenden Geräusche der engen Großstadt, und aß die gebratenen Fische und gezuckerten Früchte, die ich schon einmal gekostet hatte. Alles schon einmal! – Alles spiegelte sich wie in einer glänzenden Schwertscheide, die weißen, von Menschen wimmelnden Brücken, die leise schaukelnden Dampfer, die Möwen, und schließlich die in goldener Dämmerung vereinsamte, in

Oliven und Oelhainen fußende Stadtmauer. Mir war, als dürfe ich mich nicht an solche Anblicke verlieren, es war zu vertraut, – und nichts hätte mich gehindert, in einer der gewundenen, den Uferhügel bedeckenden Straßen von Beyoglu ein Zimmer zu mieten und nun am Fenster sitzen zu bleiben, ein Stockwerk über dem hohlen Gassenlärm, und teilnahmslos täglich hinunter zu schauen bis zum Abend. Doch konnte ich es leicht nachrechnen: ich war erst wenige Tage unterwegs, hatte eben erst auf der Höhe des Simplon vom Dorfbäcker ein rundes Schwarzbrot gekauft, eben erst das letzte Stück davon gegessen, – hinter der türkischen Grenze, am Straßenrand, als schon im zartweißen Nachthimmel verlockende, unantastbare Moscheetürme auftauchten, eben erst hatte ich am Donauufer geschlafen, im Schutz gelber Aehrenfelder, war eben noch einer kleinen weißen Barockkirche am ländlichen Wiesenhorizont entgegengefahren, und hatte Ochsenkarren, leicht trabende Pferdegespanne überholt, auch eine singende Prozession von Bauernkindern unter Baldachinen und wallenden Fahnen. Gestern noch hatte ich von rostroten Klippen aus, nicht weit von Triest, das Meer erblickt, schaumige Bläue! – Da ich kein besonderes Ziel hatte, auch nicht eines Tages Halt machen, Ruhe finden, ein fröhliches Paradies begrüßen wollte, sagte mir das alles wenig, – man näherte sich einem lang geschauten Horizont, da versanken Kirchturm und Aehrenrand. Fahnen erloschen, Glocken verstummten, die Frauen trugen andere Kopftücher und wippende Röcke, statt weißer, weidender Rinder sah ich träge, ölig glänzende

Wasserbüffel im warmen Schlamm unter einer Brücke liegen, die Weite sommerlicher Hügel und Felder war vorbei, eine schmale Straße führte am Abhang eines romantischen, in gelbe, rostbraune und violette Schatten gekleideten Tals mitten in Berge ohne Namen hinein.

Wozu hätte ich ihre Namen auch kennen sollen! – Einmal so unterwegs, vergißt man allen Wissensdurst, kennt auch keinen Abschied und keine Reue, frägt nicht nach dem Woher und Wohin. Höchstens auf dem Zifferblatt kann man nachrechnen, daß die Zeit sich schon um eine oder mehrere Stunden verschoben hat, und man also schon ziemlich weit nach Osten gelangt ist. Jeden Tag wird es unmöglicher, umzukehren, man will es auch nicht mehr. – Die Kleider zerreißen, gestehen, man sei zu weit gegangen, sei in dieser Fremde wie ein Bettler, ein Kind ohne Bett, ein Priester ohne Kirche, ein Sänger ohne Stimme, – man verlange nach Geborgenheit, fürchte, vergeblich zu leben? – Man möchte etwas wieder gutmachen, Versäumtes nachholen?

Wir wissen alle nicht, wovon wir leben, – wie also könnten wir etwas versäumen und das Versäumte bereuen? – In Stambul, als ich am späten Abend sehr müde eintraf und das uralte Gewölbe des Stadttors sich über mir schloß, das Pflaster hallte, Oellämpchen die Bazargasse erleuchteten, und endlich das nächtliche, schimmernde Wasser des Bosporus sich dahinzog in unaufhörlicher gleitender Stille, – da hätte ich wohl aufatmen und einen Augenblick glauben können, ich sei nun an irgendeinem Ziel und hätte dieses tausendfach klingende Wiedersehen redlich verdient. Aber da hätten sich bald furchtbare Zweifel eingestellt, ob dies auch der rechte, der allerletzte Ort sei, im Traum hätte ich die Dome anderer Städte gesehen und im Wachen ihre tönenden Namen auf Wegweisern und Landkarten gesucht. Die Reise verlangt von uns keine Entscheidungen und stellt unser Gewissen vor keine einzige Wahl, die uns schuldig und reuig, demütig und trotzig macht, bis wir an aller Gerechtigkeit verzweifeln, und meinen, dieses Leben sei uns zum Irrgarten bestimmt, zur unseligen Prüfung. Der Aufbruch ist die Befreiung, – oh einzige Freiheit, die uns geblieben ist! – und verlangt nur den ungebrochenen, den täglich erneuerten Mut …

So ging ich also in Stambul traumwandlerisch umher, wollte mich mit der sicht- und greifbaren Vertrautheit ringsum nicht einlassen, und sah eigentlich über das ansteigende Dächermeer hinweg immer zum asiatischen Ufer hinüber. Dort begann eine andere Welt, – die fahlen, wie erstarrte Wogen aneinandergereihten Hügel Anatoliens, dort wehten größere Winde, verhallte die Menschenstimme, weideten glänzende Herden auf unermeßlichen Weiden, dort gab es Rauchopfer, die sich fortsetzten von Steppe zu Steppe ostwärts bis zu den schlitzäugigen Nomaden Turkestans und immer weiter bis an das Gelbe Meer, – dort war die Schwelle, die ich überschreiten mußte …

Es ist lange her. Jener Anfang einer großen Reise ist zu einer sanften, einer unbeschwerten Erinnerung geworden, wie ein Traum, den man nicht zu fürchten braucht und den man nicht verliert. Oh Erinnerung! –

Dampfende Aecker, goldene Hügel! – und die auf immer verhallten Hymnen, die nicht mehr weh tun, das Herz nicht mehr bewegen.

Seither wurden Namen zu Bergen, der Ararat erhob sich schneebedeckt aus Wolkenwänden, der gewaltige Hindukusch war ehern, in der Wüste Turkestans wallte die Kälte mit tödlichem Atem und der Schnelligkeit seiner berühmten weißmäuligen Pferde, es verschlug einem das Wort.

Was bleibt mir von jener fürchterlichen Einsamkeit?

Therapia liegt so weit zurück wie die Kindheitsinseln. Alles schon einmal gesagt, alles überstanden, ich möchte jetzt mein Gesicht vergraben und schweigen. Wenn ich trotzdem diesen Namen beschwöre und liebe, so ist es vielleicht, weil nichts ihn beschwert – er stand ja am Anfang –, und nichts ihm anhaftet als der von ganz leisen Abendwinden getragene, schon wieder verwehte Duft von Himbeeren, die in vielen Körben, frisch gepflückt, am kleinen Hafen standen zum Verkauf, das von Mondlicht gesättigte und besänftigte Wasser schlug schlaftrunken an die Mauer, im von Terrasse zu Terrasse ansteigenden Garten bewegte sich das Laub und träufelndes Fackelfeuer, – dieser nächtliche Bosporus war eine Stunde lang das nie verlangte Paradies, – doch da begann schon mit jubelnden Vögeln und ausfahrenden Fischerbooten die Morgendämmerung.

Könnte ich doch den Hergang und Fortgang dieser nun beendeten Reise erzählen! Mit allen überstandenen Prüfungen, Gefahren, Magien, Unvergeßlichkeiten, – und noch einmal in der sanft geschwungenen

Bucht von Bandra liegen, die Augen ausruhen lassen im Pastell von Himmel und Meer, dem versinkenden Horizont. Noch einmal! – Den Trost des frühen Morgens! – Aber ich habe alles, schon die letzte Stunde, vergessen, – laß mich nur die Augen öffnen der stürmischen Begegnung …

[1940]

Ausflug nach Anatolien[1]

Man vernimmt, unten in Stambul, die Legende der neuen Hauptstadt Ankara, dem steingewordenen Willen des Ghasi: das Symbol der erwachten, der wieder zum Leben berufenen Türkei, ihr Herz, Ausdruck ihres Willens, welcher Gestalt angenommen hat.

Man erfährt: die Stadt liegt mitten in Anatolien, im kärglichsten Teil des Landes; ein Türke sagt mir: »eine so häßliche, eine arme Gegend« – ein anderer, bewundernd, »aus den Steinen Anatoliens hat er Wasser gepreßt, aus dem Steppenboden Gärten, aus dem Provinznest eine Weltstadt gestampft.« Und kurz vor Ankara sehen wir das »Schönbrunn« Mustafa Kemals: neue Kulturen, Ställe, Musteranlagen. Gärten, Aecker, eine junge Allee, einen Hügel, der ein Wald werden soll.

Aber Anatolien ist groß. Nicht gar so weit fahren in einem kleinen Fordwagen, nur drei Stunden, lassen die Ministerien, die Kriegsschulen, die Landwirtschaftsschulen, die Radiotürme im Rücken, verlieren uns bald in den unendlichen Hügelzügen, die breite

1) Die junge Schweizer Schriftstellerin ist zurzeit auf einer Reise begriffen, die sie u.a. an die neuesten Ausgrabungsstätten Kleinasiens, Mesopotamiens und Persiens führen und von der sie uns regelmäßig Berichte senden wird. (Red.)

Asphaltstraße wird ein sandiger Feldweg, meistens fahren wir neben der Straße über die Felder. Manchmal eine Oase: ein wenig Wasser, in einen Brunnen gefaßt, ein paar dürftige belaubte Bäume, Schatten. Dann wieder die windige Hochfläche, das gelbe Gras, reine baumlose Konturen soweit das Auge reicht.

Das ist Anatolien, sagt unser Führer. Bald werden Sie ein Dorf sehen. Und wir erkennen es, lehmgrau, an einen Hügel gelehnt, die niederen gleichförmigen Hütten terrassenförmig empor gebaut. Rauch steigt aus den Kaminen, auf den flachen Dächern stehen Frauen und spinnen, unten, in der Hauptstraße, warten die Kinder mit halbgeschorenen Köpfen, stumm, in einer Reihe stehend, die Kleinsten von den Größeren an der Hand gehalten. Wir steigen aus, ein Mann begrüßt uns und bietet uns an, in seinem Hause Platz zu nehmen. In einer winzigen Feuerstelle kocht er den Kaffee, eine dicke, schäumende, starkriechende Masse, die über den Rand des Kännchens quillt. Der Raum ist nieder, hat einen Boden aus gestampftem Lehm, ein paar Bänke. Draußen bläst der Wind und hüllt den Wagen, die Kinder in gelben Staub. Männer treten grüßend über die Schwelle, nehmen dann schweigend neben uns Platz. Der Kaffee wird gebracht, wir trinken. Ein Greis tritt ein, in zerrissenen Kleidern wie alle Männer, aber würdig, weißbärtig, mit wasserblauen Augen. Er spricht uns an, frägt unseren Gastgeber und Begleiter, wohin die Reise gehe, und ob wir türkisch verstehen können. Dann erzählt er von seinem Dorf. Es ist ein besonderes Dorf, sagt er, das gesündeste Dorf der Umgebung. Wir haben fast keine Blinden. 45 Kinder werden jeden Monat geboren. Und wieviel Einwohner zählen sie? 2500 –

Nachdem der Wind ein wenig nachgelassen hat, erheben wir uns, und der Greis führt uns durch das Dorf. Wir sehen in die kleinen Höfe mit weinbelaubten Mauern, in die dunklen Hütten, unter einem breiten Torbogen eine Frau in gelbem Schleier, vor ihr eine Wiege, ein Säugling unter unzähligen Kissen und farblosen Tuchstreifen. Auf den Dächern sind die Frauen verschwunden. Sie zeigen sich den Fremden ungern. Wollhaufen sind zurückgeblieben und aufgestapelte Kürbisse.

Auf der anderen Seite des Dorfes liegt der Friedhof. Wir steigen hinauf, gelbe Schäferhunde fliehen zwischen den Grabsteinen. Türkische Grabsteine: das sind unbehauene Blöcke, Feldsteine, Klötze, Nadeln, die wie von einer Riesenhand ausgestreut, auf den Friedhofhügeln liegen. Sonderbar trostloser Anblick. Man sagt uns: die Türken treiben keinen Totenkult. Wer gestorben ist, ist endgültig fort, man entfernt seine Bilder, man nennt seinen Namen nicht mehr. Man schmückt keine Gräber – man stellt einen Stein auf, in den Städten hat man den Namen darauf eingegraben, oder einen Koranspruch. Im Dorf geschieht nichts. Wir gehen über den düsteren Schauplatz, einige Gräber sind aufgewühlt. Knochen liegen auf der Oberfläche, ein wenig heller als der Staub des Bodens. Vielleicht waren es die Hunde – vielleicht die dunklen Vögel, die man am Abend in großer Höhe kreisen sieht.

Als wir den Friedhof verlassen, erwarten uns unten die Dorfbewohner. Sie können nicht verstehen, was wir dort oben gesucht haben. Nichts, sagen wir. Wir haben das Land angesehen.

Jetzt wird es Abend. Der Wind hält an. Die Augen schmerzen vom Staub.

Rings um das Dorf lagern Gruppen von Wanderern, Arbeitern, und, ein wenig entfernter, die phantastischen Gestalten der Kurden. Die Arbeiter kommen von der Straße, die die Regierung in Ankara bauen läßt. Esel tragen ihre roten Betten, ihre Schafpelze, ihre Kochkessel. Sie lagern im Kreis um ein Feuer, schichten die Betten auf gegen den Wind. Die Kurden schleppen ihren Hausrat selbst. Die Männer, bewaffnet, liegen faul auf der Erde. Die Frauen, in langen Hosen und Schleiern oder Turbanen, kochen Wasser in riesigen Kupferkesseln, deren runder Rand im Feuerschein wie eine Mondscheibe glänzt.

In der rasch sinkenden Dunkelheit kommen Reiter an: ein ganzer Trupp, singend, eine Fahne voraus tragend. Ihre kleinen Pferde sind schweißbedeckt, wiehern laut, bäumen sich, brechen nach rechts und links aus. Die Reiter sind Bauern aus einem Dorf, welches eine Tagesreise entfernt ist. Sie wollen nach Ankara. Die Buben stürzen herbei, nehmen den Ankömmlingen die Pferde ab, führen sie ans Bachufer, um sie abkühlen zu lassen. Die Reiter singen noch immer. Sie sind zum Teil europäisch gekleidet, zum größeren Teil tragen sie noch türkische Pumphosen und Sandalen, dazu zerrissene buntgestickte Westen, enorme Gürtel, in denen große Messer, alte Säbel, sogar Pistolen stecken.

Die Männer unseres Dorfes haben sie mit keinem

Wort begrüßt. Sie stehen, wie vorher die Kinder, in einer Reihe, stumm, ruhigen Blicks, während der scharfe Wind an ihren Lumpen zerrt.

Der Greis verabschiedet sich von uns und geht langsam an den Neuankömmlingen vorbei zu seinem Hause, das oben auf dem Hügel liegt. Dort sehen wir ihn auf der Schwelle stehen, die Hand über den Augen. Dann fahren wir weg. Und auf dem Heimweg lasse ich mir erklären, was diese Leute, diese Dorfbewohner, von Ankara halten. Wissen sie, was der Ghasi von ihnen will? Wissen sie, was das Wort Zivilisation bedeutet?

Ankara reicht noch nicht weit. Mit einer großartigen und psychologisch geschickten Vorwegnahme spricht der Ghasi sein Programm aus, als sei es bereits Tatsache. Er spricht sein Volk an als ein Volk, welches die Kunst, die Wissenschaften, den Fortschritt liebt. Er vollbringt Wunder rascher Entwicklung durch diese Methode, die an Rußland erinnert. Aber nur soweit seine Stimme reicht: wer ihn, am 29. Oktober, durch die Lautsprecher in der menschenwimmelnden Ebene von Ankara gehört hat, dessen Herz schlägt vor Stolz, Türke zu sein. Wer auf dem Rennplatz in stundenlangem Defilee an ihm vorbeimarschieren durfte, der glaubt an ihn. Und es werden immer mehr werden. Aber da draußen – da weiß man noch nichts. Vielleicht eine Legende, die eben so gut von den Märchenerzählern verbreitet werden könnte. Nicht die Zeit spielt hier eine Rolle, aber die Entfernung. Und die kreischenden Ochsenkarren gehen unendlich langsam.

»Es würde Sie nicht freuen, zu hören, wie man draußen im Land die Steuern einzieht«, sagt man mir. »Die Leute wissen nicht, wofür sie ihr Geld hergeben. Sie haben nichts davon. Das Programm der Regierung sagt ihnen nichts.« Aber in Ankara werden einem von morgens bis abends die Grundsätze, die Programme, die Stichworte eingehämmert, die Hymnen, Lobsprüche, Märsche.

Begeisterung grenzt an Oede, wo sie zur Pflicht erhoben wird. Heroische Anstrengung verwandelt sie immer wieder und macht sie fruchtbar.

Keine Voraussage kann etwas Gültiges darüber verkünden, ob der Wille nicht vorzeitig erlahmen und den beharrenden Kräften erliegen wird. Geschichte wird hier, im Land der vielen Heerscharen, Feuersbrünste, Mongolenstürme, der alten Griechenstädte, der römischen Statthalter, der Galater und Barbaren, zum großen Fragezeichen.

Die Bauern, das Dorf, die Ochsenkarren: sie sind bisher die einzigen Beständigen geblieben. Von ihnen in die Kapitale zurückzukehren, hat eine sonderbare seelische Erschütterung zur Folge. Vielleicht sollte man den Fremden, den Diplomaten, den Gästen verbieten, die künstliche Umgrenzung Ankaras, den bewunderungswürdigen Gürtel einer zehnjährigen Anstrengung, zu überschreiten.

[1933]

Eine Fahrt nach Damaskus

Abend auf der Zitadelle

Aleppo. Gegen Abend steigen wir zur Zitadelle hinauf, der grössten, der schönsten und bedeutendsten in ganz Syrien. Sie liegt mitten in der Stadt, einen breiten steil abfallenden Hügel krönend – oder vielmehr: ihn mit ihrer gezackten Seldschukken-Mauer umzingelnd, Türme wie Posten vorgerückt, und hohe Warten wie Vogelnester auf den Felsblöcken. Eine Strasse führt rings um den grossen Hügel, eine belebte Strasse voller Kamele und trottender Esel, schreiender Strassenverkäufer und verschleierter Frauen, die lautlos und schwarz wie Nachtvögel vorüberhuschen. Mächtig das Tor der Burg: zwei viereckige Türme, dazwischen eine Brücke über hohen Arkaden. Die Dimensionen erscheinen übermenschlich, winzig die Wächter, winzig ihr blauweißes Häuschen, und die Soldaten, die ihre Pferde über das alte Pflaster emporführen. Denn oben, auf der breiten Schuttfläche, befinden sich heute die Kasernen und Ställe der französischen Besatzung.

Im Inneren des Torturmes steigt man hinauf, mächtige Eisentüren sind mit Hufeisen beschlagen, darüber sind Reliefs in die Mauer eingelassen, spielende kleine Löwen, die den Torhütern Hettiter gleichen, und die verschlungenen Schlangenleiber der Göttin

Ischtar. Gänge zweigen ab, steile Treppen münden in den grossen Krönungssaal, der weiss und leer und seiner Pracht entkleidet ist. Durch viereckige Löcher im Fussboden sieht man hinunter auf die grosse Treppe, erblickt die Maultiere und schwarzen Soldaten, das Geräusch ihrer Schritte hallt vielfach verstärkt durch das Gewölbe. Weiter oben findet man Grabkammern mit römischen Sarkophagen, Grundrisse von Häusern, uralte Quadermauern in den untersten Schichten. Der ganze Hügel ist Vergangenheit, das Werk von Jahrtausenden, und fast alles in Schutt gesunken. Die grosse Moschee wurde von den Mongolen zerstört – dem Volk der grossen Führer und Gottesgeiseln, die nirgends etwas anderes zurückgelassen haben als Brandspuren und Trümmerhaufen.

Der Turm der Moschee dient heute als Wachtturm – und auf der Mauerbrüstung davor sitzt ein Posten, ein Afrikaner in hellem Turban. Er kehrt uns den Rücken zu und sitzt unbeweglich, den Blick auf die Stadt gerichtet. Wir rufen ihn an, er dreht sich um, ruft uns auf arabisch zu, hinaufzusteigen und weist mit der Hand über die Dächer hinweg gegen die untergehende Sonne.

»Das Meer«, sagt er, und mit einer grossen umschreibenden Gebärde: »Europa – Afrika«. Wir setzen uns neben ihn auf die Mauer und blicken hinab. Nach kurzem Schweigen fährt er französisch fort, zeigt über die fruchtbaren Gärten und Obsthaine hinweg und verkündet »Alexandrette und Antioche – Häfen, viele Schiffe« – dann dorthin, wo weisse Strassen sich in grauen Hügeln verlieren: »Araberdörfer«, endlich, sich

Die Citadelle von Aleppo
Syrien 1934

umwendend zur östlichen Ebene: »Dort beginnt die Wüste, dort geht der Weg nach Bagdad« – spricht den Namen geheimnisvoll aus, als gelte es die Welt jenseits der Wüste zu beschwören. Dann verfällt er wieder in Schweigen.

Es wird jetzt ganz still, lautlos vollzieht sich der rasche Wechsel von Tag und Abend. Unten, in den Mauern der grossen Moschee, kämpfen zwei schwarze Ziegenböcke, steil gegeneinander aufgerichtet wie auf den Reliefs von Tell Halaf. Kleine Falken schweben dicht über unseren Köpfen, stossen kurze, heisere Schreie aus, erheben sich plötzlich und segeln mit metallischen Flügeln durch den hellblauen Himmel. Dann erlischt das Licht, die Steine werden grau, gleichzeitig weht ein eisiger Wind.

Als wir hinuntersteigen, ertönt von oben vom Turm ein Trompetensignal. Wir sehen die schwarzen und dunkelbraunen Soldaten aus den Baracken stürzen und sich versammeln, einige eilen vor uns den Fussweg hinab und verschwinden in den dunklen Gängen, andere führen Maultiere vorüber, die mit zwei Wasserfässern beladen sind. – Kaum haben wir das Tor verlassen, werden die mächtigen eisernen Flügel von unsichtbaren Händen geschlossen.

Nach Damaskus

Mitten in der Nacht wurde an meine Tür geklopft. Ich drehte mich um und sah den grossen Aegypter Mahmut eintreten. Ein Windstoss drang mit ihm vom Hof herein, ich sah einen Augenblick die schwankende Laterne über dem Haupteingang, und ein Stück dunklen Himmels. Mahmut stellte eine Tasse Tee neben mein Bett, zündete den Oelofen an und verschwand wieder. Ich sah auf die Uhr: es war vier Uhr.

Als ich eine Viertelstunde später in das Esszimmer kam, waren zwei Fenster erleuchtet: das des Museumsassistenten, und das des Anthropologen der Expedition. Das Expeditionshaus ist symmetrisch um einen viereckigen Hof gebaut, so dass jedes Zimmer direkt auf diesen Hof mündet. Verbindungstüren oder Gänge gibt es nicht. Im Hof stehen über Nacht die Wagen, ein schweres, zweiflügeliges Tor wird bei Anbruch der Dunkelheit geschlossen, um es zu öffnen braucht es einen starken Mann wie den Chauffeur Hussein oder den Diener Schükri.

Wir frühstückten ausgiebig, Tomatensaft und Eier, Bananen, weisse Bohnen und Kaffee. Dann krachten die Torflügel, der Motor des hölzernen Expeditionswagens sprang an, die Scheinwerfer erhellten den schmalen, steinigen Weg nach Rihanie.

Im hinteren Teil des Wagens waren die Benzinkannen aufgestapelt, dazu eine Oelkanne, ein Proviantkorb, und eine Kiste, die eine kostbare Keilschrifttafel enthielt: wir waren beauftragt, sie unverletzt bis Damaskus zu bringen.

Im Dorf begegneten wir den Nachtwächtern, nachher auf der Landstrasse einer reitenden Patrouille. Die Soldaten hatten die Kapuzen ihrer Mäntel hochgezogen und den Mund mit Tüchern zugebunden. So ritten sie, die Gewehre über dem Rücken, ihre einsame Nachtstrecke ab.

Die Dunkelheit wich allmählich einer sonderbar farblosen Dämmerung. Kein Licht im Osten verriet die aufsteigende Sonne, der Mond blieb als weisse Scheibe am grauen Himmel.

Wir liessen das fruchtbare Land des Afrin-Tales hinter uns, eine breite, glatte Strasse führte nach Südosten, wir näherten uns immer mehr dem Rand der syrischen Wüste, die, ein gewaltiger und lebloser Grenzwall, Syrien von Irak und Mesopotamien trennt. Da und dort in der Ebene erhob sich ein schwarzer Hügel, einer jener »Tells«, welche die Reste der alten Städte bergen. Die Lehmhütten-Dörfer des Afrin und Orontesgebietes machten den Bienenkörben der

Araber Platz. Zuweilen trafen wir, am Fuss der Hügel, Nomadenlager.

Die Nomaden leben in niedrigen, viereckigen Zelten aus schwarzer Ziegenwolle, manchmal sind es nur fünf, manchmal zwanzig und mehr Zelte, auf kargen Wiesen nebenan weiden ihre Esel oder Kamele.

Nachdem wir länger als zwei Stunden durch das eintönige Grau der Ebene gefahren waren, sahen wir im Osten plötzlich die Sonne wie einen verhüllten Ball am Himmel.

Vorher war Dämmerung gewesen, ein unheimlicher Zustand zwischen Nacht und Tag. Jetzt wurde das Land plötzlich von einem sanften, durch Nebelstreifen gebrochenen Licht übergossen, was vorher kalt gewesen war, wurde warm, was toter Stein, wurde rötlich belebt, und die stumpfen grauen Flächen, die bisher das Auge ermüdet hatten, verwandelten sich in bräunlichen Glanz.

Vor uns tauchte ein grosser Tell auf, an seinem Fuss das festungsähnliche Viereck mit den spitzen Zuckerhüten oder Bienenkörben der arabischen Lehmhäuser. Ein schmaler Fussweg schlängelte sich bis zur Oberfläche des Hügels, auf welchem ein einsames kleines Kuppelhaus stand.

Wir machten halt, stiegen aus dem Wagen und gingen auf das Dorf zu. Es bestand aus kleineren Vierecken gestampfter Lehmmauern, die den Hof eines Familienvaters umschlossen. Innerhalb dieser Mauerringe standen dann die Kuppeln, zwei, drei und mehr, je nach dem Reichtum des Besitzers. Reiche, alte Scheiks besassen oft einen Hof mit zahlreichen

Kuppeln, der sich selbst wie ein kleines Festungsdorf ausnahm. Arme Männer besassen überhaupt keinen Hof, sondern eine einzige kleine Kuppelhütte, unter deren rundem Eingang seine Frau hockte und Brotteig walkte.

Als wir uns dem Dorf näherten, traten drei alte Männer aus dem Tor der äusseren Mauer, begrüssten uns, indem sie die Hand an das Herz und die Stirn führten, und riefen uns ein paar ihrer heiseren Laute zu. Unser Chauffeur Hussein – der einzige Türke im Lager – weigerte sich, ihnen zu antworten, weil die Araber die Türken hassen, und die Türken die Araber verachten.

Aber der junge Anthropologe, der schon zwei Jahre in Syrien arbeitete, vermochte sich leidlich mit ihnen zu unterhalten. Sie hatten grosse, weisse Hunde bei sich, die uns zuerst wütend ansprangen, sich dann aber winselnd zu Füssen ihrer Herren legten. Wir fragten sie, warum sie den Hunden die Ohren abschneiden. »Draussen in der Wüste gibt es Wölfe«, sagte sie, »und in den Bergen Schakale. Wenn die Hunde sie angreifen, verbeissen sie sich in ihre Ohren. Deshalb schneiden wir sie ab.« Einer der Männer zeigte uns einen kleineren Hund, den man offenbar soeben erst operiert hatte, die Wunde blutete noch und war schrecklich anzusehen. Wir fragten dann, ob auf dem Tell etwas gefunden worden sei – aber sie antworteten nur, dass es ein heiliger Berg sei, und dass er von einem Heiligen oder Zauberer bewohnt werde. Der sei ein alter, sehr alter Mann und lebe in dem kleinen Haus auf dem Hügel.

Wir fuhren weiter und gerieten alsbald in Nebel. Es war ein dicker, gelber, qualmähnlicher Nebel, die Scheinwerfer halfen nichts, so fuhren wir unendlich langsam, die Zeit verging, wir fühlten uns gefangen, es schien, als wolle die gelbe Wüste dieser Finsternis kein Ende nehmen. Kamelkarawanen tauchten vor uns auf, geisterhaft schwankend hoben und senkten sich die hohen Sättel. Ein anderes Mal sahen wir die sonderbaren Tiere lautlos und gravitätisch seitwärts über das Feld gehen und verschwinden.

Endlich ein Wegstein. Ein grosser Block an einer Kreuzung, mit arabischen und französischen Namen bemalt. An einer Seite stand »Bagdad 850 km« und ein Pfeil wies dorthin, wo die grosse Wüste beginnt.

»Damas« fanden wir nicht auf dem Stein. Wir hatten uns irgendwo geirrt oder eine Kreuzung übersehen.

Auf der Karte versuchten wir, uns zurecht zu finden. Wir hatten noch drei Stunden Tageslicht, und noch zwei Benzinkannen.

Hussein erklärte sich bereit, arabisch zu sprechen und die Bauern und Karawanenführer von Zeit zu Zeit nach dem Weg zu fragen.

Wir machten einen Umweg von rund 180 Kilometer.

Ich erinnere mich, dass wir einige kleine Städte durchfuhren, dass der Nebel aufhörte und dafür die Dunkelheit begann, dass Hussein türkische Lieder sang und dass wir entsetzlich müde waren.

Zuletzt fuhren wir zwischen zwei kahlen Bergrücken und dann eine lange gewundene Passstrasse hinab. Unten war die Luft plötzlich mild, es gab Bäume, ganze Haine der breiten Strasse entlang, und diese Strasse war nun wieder asphaltiert, so dass wir, wie uns schien, fast lautlos dahinrollten.

Gleich darauf gab es Laternen, Strassenbahnschienen, eine ausgedehnte und lärmende Vorstadt. Der Turm der berühmten Omajad-Moschee ragte über die Dächer empor. Ein Polizist schrie den singenden Hussein an: »Sens unique«, Autos fuhren uns empört hupend entgegen, – doch schon hielten wir mitten in der Stadt Damaskus vor dem Eingang unseres Hotels.

[1934]

Nachtflug über die Wüste

Man weckte mich in meinem Hotel in Damaskus um halb drei Uhr. Es war eine helle Nacht, und ich glaubte zuerst, es sei schon die Dämmerung, welche die Straßen weiß machte. Ich wurde von zwei Leuten der »French Air Line« im Auto abgeholt, ein Kellner trug mein Gepäck hinaus, alles vollzog sich in Eile – und schon befanden wir uns auf der großen Straße, die zwischen lauter Hügeln zum Flugplatz hinaus führt. Wir begegneten einer Kamelkarawane, die Treiber saßen zwischen den hohen Säcken, wiegten sich hin und her und sangen. Dazu hörte man das Geläut der kleinen Glocken am Hals der langsam schreitenden Tiere.

Wir überholten sie und sahen von weitem die roten Lichter des Flugplatzes. Eine kleine Straße zweigte von der großen ab, wir fuhren zwischen den Schuppen und Flugzeughallen hindurch und blieben neben dem großen dreimotorigen Flugzeug stehen, dessen Propeller schon liefen und blaue Funkengarben aussandten.

Mechaniker liefen hin und her, es war sehr kalt, die beiden Piloten standen in ihrem dicken Lederzeug wartend und betrachteten den großen, zitternden Leib der Maschine. Dann stiegen wir ein. Decken und Fußsäcke wurden gebracht, die Türe schloß sich, das Licht erlosch, und wir rollten zwischen den roten

Lampen hindurch über das Feld, schwebten schon über den Lichtern der Stadt und sahen gleich darauf die Gärten von Damaskus unter uns liegen – Oelbäume und Palmen, reiche, große Haine, ummauerte Vierecke, Brunnen, dunkle Flecken bebauter Erde – alles in weiches, milchiges Licht getaucht. Dann die Straße, ein geschlängeltes Band, die aus der Wüste kommt und in diesen mit Wasser und Fruchtbarkeit gesegneten Landstreifen führt am Ende aller Mühen – daher auch die Stadt Damaskus ihre poetischen Beinamen in der phantasievollen Sprache der Araber erhalten hat.

Aber bald wurde die Nacht wieder dunkel und der Glanz erlosch. Es waren nur noch die Hügel, die sich wie der Faltenwurf eines Kleides nach allen Seiten hin verliefen. Manchmal erkannte man ein Dorf: einen festen Platz, umwehrt von den geschlossenen, fenster- und lückenlosen Mauern der äußerlichen Häuser. Innen reihte sich Hof an Hof, Gasse an Gasse, und am Ost- und Westende verließ eine Spur das Dorf und verlor sich in der Nacht.

Bald hörten auch die Dörfer auf. Wir flogen in tiefer Dunkelheit über die ungeborene Welt: *die Wüste.*

Erst nach zwei Stunden begann die Dämmerung. Bisher hatten wir nur die kreisenden blauen Garben der Propeller neben uns gehabt. Jetzt blieb hinter uns der Himmel pastellblau, vor uns wurde er schwarz und brach sich in violett und stahlblau an der roten Wand im Osten. Die Feuerräder erloschen, unten befreite sich die Wüste aus dem Schlaf, und tauchte aus der Urnacht, und wir waren die ersten Menschen, vom ersten bleichen Licht getroffen.

Dann ging die Sonne auf, und es war wie der Ausbruch eines großen Feuers und man sah lange Zeit nichts mehr.

Der Pilot öffnete die Türe zum Passagierraum und winkte mir, nach vorne zu kommen. Schwarze Vorhänge schützten den Blick vor den Sonnenstrahlen. Durch die Spalten sah ich, wie unter uns das Licht sich ausbreitete, wie die Sandhügel Reihe um Reihe erglänzten, sich in eine Schatten- und Lichtseite teilten und Gestalt annahmen. Nach allen Richtungen vollzog sich dieses Spiel wie eine zarte Wellenbewegung, und die Wüste, eben noch tot und von stumpfer Farblosigkeit, verwandelte sich nun in einen breiten fließenden Strom mit goldener Oberfläche.

Der Pilot zeigte mir Schakale und gleich darauf Gazellen, die niedrig und weiß, von ihren Schatten begleitet, unter uns hinwegflohen. Bald hörten die Hügel auf und es gab nur noch Sand und große Flächen und manchmal verwehte Stellen, wo sich eine winzige Erhebung gebildet hatte und Ringe sich wie die Niveaulinien einer Landkarte im Sand abzeichneten. Da und dort ein Wadi, ein ausgetrocknetes Bachbett, und manchmal auch Wasser, in tiefen länglichen Brunnen schwarze Spiegel.

Als es schon völlig Tag geworden war, sahen wir die »Wüstenstraße« – die Route der Karawanen, und heute der großen Automobile, welche von Damaskus kommend, die Wüste in zwei Tagen durchqueren. Eine Reihe von Wagenspuren, breit nebeneinander gelagert, lief von unsichtbarem Anfang und führte zu dem Fort Rutbah, dessen Wasserturm schon von weitem sichtbar war.

Und eine halbe Stunde später zeigte mir der Pilot im Osten, noch weit entfernt, den schimmernden Euphrat.

Gleich veränderte sich das Bild. Die Hügel begannen wieder, zahlreiche Einschnitte von Wasser, welches in der Tiefe lag und wie ein Kristall sprühendes Licht sammelte. An ihren Rändern gab es kleine, bald auch größere Felder, schwarze Erde, sorgfältig gezogene Ackerfurchen. Es gab Nomadenzelte, von einem Wall aus Dornsträuchern eingefaßt. Kamele standen zwischen den Anwesen und reckten die Hälse. Wir sahen eine Karawane im Aufbruch begriffen. Vorne ritt schon der Leiter auf der Kruppe eines Esels in die Wüste voraus, einige Kamele lagen noch in den Knien und warteten auf Last, einige gingen schon, folgten dem Esel und einer dünnen Spur im Sand, die ostwärts zum Ufer eines großen Sees lief. Seine blaue Fläche glänzte wie eines Messers Schneide und ich hielt sie zuerst für eine Fata Morgana.

Es gab Fellachen, die hinter dem Pflug hergingen, und Büffel, die geduldig über das Feld zogen. Palmen erhoben sich, schwarze Silhouetten, am breiten Euphrat. Ueberall regte sich Leben, längliche Tätigkeit, die Kultur der Ebene. Ich dachte daran, daß seit fünftausend Jahren sich dem, der aus der Wüste kommt, der gleiche friedliche Anblick bietet. Ein gelber zerbröckelnder Block, Rest eins der uralten Tempeltürme des Landes, stand am Ufer und beschwor einsam die Vergangenheit.

Plötzlich strich der Schatten unseres Flugzeuges wie der eines riesigen Vogels darüber hinweg.

Statt der raschen Gazellen waren es nun Schafherden, die auf den ersten, noch kargen Grasflächen weideten. Wir sahen Grün, angelegte Gärten, einen großen Palmenhain am segenspendenden Ufer. Eine Brücke, eine kleine arabische Stadt. Rauch über den flachen Dächern. Menschen winzig in den tiefen Höfen, hoben die Köpfe, legten die Hand vor die geblendeten Augen und sahen zu uns empor.

Dann berührte der Pilot meine Schulter, sagte etwas Unverständliches durch das Brausen der Motoren. Schon neigte sich das Flugzeug, ich sah neben mir den Fluß und die Palmenhaine an Stelle des Himmels, und die Moschee, mit den goldenen Minaretten warf sich uns schwindelnd entgegen. Das Häusermeer Bagdads kreiste um uns, war ganz nahe, fast über uns, entfernte sich wieder, die Ordnung stellte sich wieder her, und wir rollten schon über das Flugfeld und landeten.

[1934]

Baghdad

Die Hauptstraße von Baghdad heißt »Newstreet«, sie wurde von Türken während des Weltkriegs angelegt und ist heute sogar asphaltiert – vor wenigen Jahren wurde sie durch einen starken Regen ebenso in ein grundloses Schlammbett verwandelt wie die meisten Straßen Baghdads heute noch. Man erzählt, daß einmal ein ganzer Wagen mit zwei Pferden in einer solchen Straße spurlos verschwunden sei, aber Baghdad ist die Stadt der 1001 Märchen, und die modernen Geschichten der Bazars setzen die alte Tradition in reichster Weise fort.

Immerhin hat Newstreet keinerlei Aehnlichkeit mit irgend einer anderen Hauptstraße, die ich kenne. Laden drängt sich an Laden, Bude an Bude, und an den Straßenecken sitzen Garköche, schüren sorgsam ein winziges Kohlenfeuer, und verkaufen Fleischkuchen, harte Eier und rote Rüben an die Vorübergehenden. Die Polizisten tragen Helme mit Nackentüchern und stehen unter runden Schirmen, der Sonne wegen. Es gibt keine Straßenbahnen, aber unzählige Omnibusse, kleine klappernde Kisten aus Blech oder Holz. Sie fahren bestimmte Routen, wenn man aber Lust hat, an einen anderen Ort zu fahren so sagt der Chauffeur »Zen« – das heißt »Gut«, und kehrt um, selbst wenn der Ort am anderen Ende der Stadt liegt. Manchmal merken es die anderen Fahrgäste, springen von ihren Bänken auf und rufen »Was ist los? Wir wollen an das Südtor –« – dann einigt man sich auf einen »kleinen Umweg« und die Leute beruhigen sich wieder. Sie haben ja den ganzen Tag Zeit.

Außer den Omnibussen gibt es auch Taxi, aber sie werden wenig benützt. Dafür trotten die »Arabenas«, die zweispännigen Droschken, von morgens bis abends durch alle Gassen der Stadt, die Pferde tragen blaue Amulettkettchen und sind arm und abgehetzt, und haben wenig Aehnlichkeit mit den schönen arabischen Pferden der Beduinen, die man draußen in der Wüste sieht. Auch in Baghdad gibt es viele Reiter, Eselreiter und andere, und da sie den lauten Straßenverkehr scheuen, reiten sie unter den Arkaden hindurch, welche eigentlich für Fußgänger gedacht sind und den Lauben in Bern entfernt gleichen. Draußen, am anderen Ufer des Tigris, gibt es auch ein »Rößlitram« auf Schienen …

Die alte Stadt Baghdad, die der Kalif Mansur erbaute, war rund wie eine Festung, und in ihrer Mitte lag der Königspalast der Abbassiden. Sie lag auf dem Westufer des Tigris, aber sie wuchs bald über ihre runden Mauern hinaus und entwickelte sich zur prächtigsten Stadt des Orients, zur märchenhaften Residenz Harun al Raschids und zum eigentlichen Herzen der islamischen Welt. Aber im dreizehnten Jahrhundert wurde sie von dem Mongolen Hulagu zerstört, und in einem zweiten Mongolensturm unter Timur Lenk wurde auch die neuerbaute Stadt verbrannt, und dazu die Deiche und Dämme des damals sehr ausgedehnten Kanalsystems eingerissen – die ganze Umgebung der Stadt, ihre wunderbaren Gärten, Felder und Fruchthaine verwandelten sich in Wüste. Das spätere Baghdad war eine arme Stadt, und viele Kriege, Zerstörungen durch Türken und Perser, und endlich der Weltkrieg haben dafür gesorgt, daß es sich niemals erholt hat und nie wieder den früheren Glanz erreichte.

Heute ist Baghdad eine königliche Residenz, aber der Irakstaat hat nicht die Mittel, es in eine westliche Hauptstadt zu verwandeln, wie die Türken es mit Ankara getan haben. Man hat vielleicht auch nicht den Wunsch – die Zivilisationsgüter des Westens stehen hier nicht entfernt in so hohem Ansehen wie in der neuen Türkei, und einsichtige Männer glauben, daß eine allzu rasche Anpassung äußerlich sein und dem Volk nur Schaden bringen würde. Als man, während der letzten Reise des Königs Faisal, eine Zeitung zu sehen bekam, welche den König in einer europäischen Uniform und mit europäischer Kopfbedeckung zeigte, erzählte man im Bazar, er sei wieder unter den Einfluß der Engländer geraten …

Auch die Engländer haben Baghdad weniger verändert als man annehmen möchte. Zweifellos haben sie viel für die Stadt getan, aber sie haben ihr nichts von ihrem orientalischen Charakter genommen – und seit dem Tode Faisals treten sie noch weniger in den Vordergrund als bisher. Sie haben, natürlich, ihren »Club«, ihren Golfplatz, und eine Meute – sie reiten Jagden und haben jeden Samstag ihr »Dancing« – aber sie tun alles dies unter sich. – Damaskus und Beyrouth sind voll von französischen Truppen – in Baghdad begegnet man keinem englischen Soldaten, außer den Assyrern, die vor dem Haus des Kommandanten der »Airforce« Wache stehen. Das große englische Fliegerlager befindet sich draußen in Hinaidi, sechs Meilen von Baghdad – in kurzer Zeit soll es in die Wüste hinaus verlegt werden, wo es dann gewiß so wenig Aufsehen als möglich erregt.

Baghdad entwickelt sich also wesentlich ungestört – man hat manchmal den Eindruck, es entwickle sich gar nicht. Nur sein Flugplatz ist ein Zeuge moderner Errungenschaften – man hat, vor zehn Jahren, noch einundzwanzig Tage gebraucht, um von Aleppo nach Baghdad zu reisen. Die Flugzeuge der französischen »Air Orient« legen die Strecke Damaskus–Baghdad in vier Stunden zurück.

Stillstand der Jahrhunderte herrscht natürlich vor allem in den Suks und im ganzen Bazarviertel. Die Suks sind dunkel und kühl, und man verirrt sich in ihnen wie in den Gängen des Labyrinths. Die Wollhändler, die Seidenhändler, die Pelzhändler sitzen mit gekreuzten Beinen in ihren Buden, die Pelzhändler bekommen ihre Ware aus Persien, wo man noch Panther und Leoparden jagt, die Seidenhändler preisen Stoffe aus Japan zu den billigsten Preisen an. An den Bazar grenzen die Gassen der Handwerker: eine Gasse der Schneider, eine der Lederhändler, eine der Silberschmiede. Die Schneider sind fast ausschließlich Inder, die Silberschmiede sind Juden oder Christen aus der Gegend von Mosul. Es gibt auch eine »Bankstreet«, wo die Anglo Persian Bank und die Ottoman Bank ihre

Bureaus haben, und wo die jüdischen Geldwechsler auf dem Pflaster sitzen und mit Silbermünzen klappern. Die Kaffees in dieser Straße sind Schauplatz der Baghdader Börse – da treffen sich die Perser in ihren schwarzen Schirmmützen und gelbgefärbten Schafpelzmänteln, die Armenier und Juden, die jungen arabischen »Effendis« in schlechtsitzenden europäischen Anzügen, und, würdig in langen Mänteln und weißem Khefie mischen sich einige reiche Beduinen in das laute Geschäft. Das Geschrei in dieser Straße ist entsetzlich, und man rettet sich gern durch eine der schmalen Seitengassen an das Flußufer, wo die großen Lastkähne anlegen und Karawanen kleiner Esel die Karren aus der Stadt bringen. Hier sitzen die Flußschiffer und die Hamals auf dem nassen Boden, um das Feuer eines Garkochs, der für sie Hammelfleisch an Spießen brät. Die Hamals sind die Lastträger von Baghdad, meistens Kurden, die ärmsten Leute der Stadt. Sie tragen ihre Haare halblang, und färben sie wie die Beduinen, mit Henna, sie haben keine andere Kleidung als ein kurzes Hemd und einen zerrissenen Kittel, und sie schleppen auf ihren Tragsatteln Lasten, die für drei zuviel sein sollten. Man trifft sie in den Straßen an: mit gekrümmten Beinen, den Oberkörper fast waagrecht nach vorne gelegt, mit einem wollenen Stirnband, welches zur Verteilung des Gewichts hilft – so rennen sie schweißbedeckt, blindlings, und immer in Gefahr, von den Droschken und Omnibussen überfahren zu werden.

Es gibt in Baghdad Quartiere, wo die Leute wie Nomaden leben: in Hütten aus geflochtenen Matten, oder in schwarzen Zelten aus Ziegenfilz. Manchmal trennt sie nur eine Lehmmauer und eine schmale Gasse von einem anderen Quartier, wo es schöne, gutgebaute Villen und gepflegte Gärten gibt, welche bis zum Flußufer hinabreichen.

Baghdad würde nicht existieren ohne den Fluß – und darin gleicht es allen mesopotamischen Städten seit den ältesten Zeiten, die immer nur durch die Flüsse gelebt haben, und verschwanden, sobald ein Fluß seinen Lauf änderte oder ein Kanal versandete. Und so spielt sich heute noch ein großer Teil des Lebens am Fluß ab: wenn man zu den Ufern hinuntergeht, kann man die vielen verschiedenen Fahrzeuge beobachten, die gegen die Maudebrücke hinaufgestoßen werden, die Lastkähne, die Fähren, und die runden Boote aus asphaltiertem Holzwerk, welche es nur auf dem Tigris gibt – am Ufer gehen Fischer entlang, und werfen von Zeit zu Zeit ihre kleinen Netze aus. Die großen Tigrisfische werden aber weiter draußen vom Boot aus gefangen. Um bald elf Uhr wird täglich die Maudebrücke geöffnet, um den Dampfer nach Basrah hindurchzulassen. Die Engländer haben diese Schiffbrücke angelegt, nachdem General Maude Baghdad erobert hatte – sie war provisorisch gedacht, und man spricht schon lange davon, zwei große feste Brücken zu bauen. Aber das kann noch lange dauern.

[1934]

Isfahan

Isfahan, Persiens alte Hauptstadt, hat mehr als ein Gesicht, weil es viele Zeiten mitgemacht hat, ruhmreiche und unglückliche, barbarische und Blüteperioden der Kunst. Die letzteren waren aber die häufigsten und auch die dauerhaften, und deshalb ist der Stil des Schah Abbas, und was unmittelbar vorherging und nachkam, durch Isfahan besonders reich und rein vertreten. Die persischen Dichter, die soviel Wein getrunken haben, und diese Übertretung des muslimischen Gebotes und den süßen Rauschzustand am liebsten besungen haben, lebten meistens im Süden, in Schiraz, die man die Rosenstadt nennt. Aber die anderen Künstler, die Miniaturmaler, die Silberschmiede und Lackmaler, lebten in Isfahan und hatten ihre Werkstätten im Bazar, auf den Galerien der Innenhöfe, in den dunklen, überwölbten Gassen. Und so ist das heute noch.

Im Bazar von Stambul geht es merkwürdig still zu. Wenig Käufer zeigen sich in den hohen Gängen, und die Händler sitzen reglos wie Bilder in ihren malerischen Buden.

In Aleppo ist der Bazar sehr alt und niedrig, man verkauft darin Baumwolle, Seide und Lammfelle, Kamele und Esel werden durch die winzigen Gassen bergauf und bergab getrieben, Khane, große Karawanenhöfe, und die Höfe der Großhändler mit Baumwoll- und

Wollballen aus Indien und Japan öffnen sich auf die stockfinsteren Suks.

Aber in Isfahan birgt der Bazar wie in alter Zeit zugleich Läden und Werkstätten, und die Handwerker sitzen da, nach ihren Berufen gesondert, vom frühen Morgen bis in die Nacht, und erleuchten ihre muffigen Buden mit Oellampen.

Vor dem Bazareingang befindet sich ein großes Café mit teppichbelegten Bänken, und einem riesigen Samowar, dessen Rohr oben zum Dach hinausgeleitet ist wie ein richtiger Schornstein. – Betritt man den Bazar, so hört man zuerst ein lustiges Hämmern wie von hundert Händen, und sieht, um einen runden Kuppelraum, die Kupfer-, die Messing- und Silberschmiede hocken – Lötlampen zischen, feingewelltes Blech liegt unterm Amboß, Messingsamoware hallen, schöngeschwungene Kannen werden verzinnt und poliert. Sternförmig laufen von hier aus die Gassen ins Dunkel, in der einen werden Baumwollstoffe mit alten Teppichmustern bemalt, in der anderen arbeiten die Juweliere, und stellen aus dünnem Gold und Silber die feinsten Schmuckstücke aus Filigran her und verzieren sie mit Korallen und winzigen Lapislazuli.

Die Lackarbeiter, Ziseleure und Miniaturenmaler wohnen im ersten Stock auf den Galerien der Höfe. Sie haben Lehrlinge von acht und neun Jahren, welche Wunder an Kunstfertigkeit vollbringen. Bemalte Federschachteln und Buchdeckel trocknen in der Sonne, daneben Miniaturen auf Bein gemalt, nach alten Vorbildern. Für die Königin von England hat der berühmteste Maler ein Bild gemalt, welches ihn elf Monate Arbeit kostete: ein Polospiel auf dem Meidan-i-Schah darstellend, der große leere Platz von Pappeln eingerahmt, und darauf hundert winzige Pferde in gestrecktem Lauf.

Meidan-i-Schah ist der Name des Hauptplatzes von Isfahan. Noch heute ein königlicher Platz, obwohl ein rechteckiges Wasserbecken und neue Gartenanlagen seine einstige verschwenderische Größe ein wenig beeinträchtigen.

Diese Raumverschwendung galt dem Polospiel, welches in Persien erfunden wurde. Als man in Isfahan den klassischen Poloplatz anlegte, war es schon ein uralter Sport – denn Dareios soll dem mazedonischen Prinzen Alexander einen Poloschläger als Geschenk zugeschickt haben, um damit auszudrücken, daß der Prinz sich lieber mit dem ritterlichen Spiel als mit welterobernden Plänen abgeben sollte.

Tausend Jahre später war man in Persien selbst so weit gekommen. In seiner glänzendsten und kunstsinnigsten Zeit maß man dem Sport soviel Bedeutung bei, daß man die Polotourniere im Zentrum der Hauptstadt austrug – unter den Augen des Schahs, der mit seinem Hofstat von der Ehreloge auf dem »Hohen Tore« aus zusah. Das »Hohe Tor« – auf persisch Alikapu – steht heute noch, eine Wendeltreppe führt auf die Terrasse, deren Dach, von dicken Holzsäulen getragen wird, von hier schweift der Blick zu den Moscheekuppeln, über das Häusermeer von Isfahan zu den weitgespannten Brücken über den breiten, gelben Fluß, und zu den blauen Silhouetten der Berge.

Isfahans Moscheen sind die berühmtesten in ganz Persien: die große Moschee Mesdjid Shah, mit Tor und Kuppel eine Schmalseite des Meidan begrenzend, wirkt neben den Bauwerken des sechzehnten und siebzehnten Jahrhunderts ein wenig ungereimt, beinahe plump: mehr Monument als Kunstwerk. Nadir Schah, der Afghanenbefreier, hat sie im achtzehnten Jahrhundert erbaut – er ist es übrigens, der nachher die Residenz von Isfahan nach Teheran verlegte.

Am ältesten ist die »Freitagsmoschee«, Mesdjid-i-Djumh, deren frühester Teil von Melif Schah um 1080 erbaut wurde – ein anderer Flügel mit Kacheln stammt aus der Zeit der Seldschukken. Doch ist hier viel zerstört und zerfallen, und der verfallene Hof macht einen traurigen Eindruck. Dafür ist vollendet in der Form, und von unerhört reicher und zarter Ornamentik, die Lutf'ali, eine Moschee aus dem sechzehnten Jahrhundert, mit fehlerlos erhaltenen Mosaikwänden. Hier ist alles gewachsen und gerankt und bei allem Reichtum so sicher im Geschmack, daß man annehmen möchte, es hätte eine göttliche Hand gewaltet …

Daneben scheint die »Harun-i-Wilajet« fast dörflich bescheiden: eine kleine Moschee im Bazarviertel, die Wände des Hofes sind weiß getüncht, und in eine Nische gemalt sieht man ein Heiligenbild mit Reitern und Bäumen und Hügeln im Hintergrund: eine Legendenerzählung … Im Hof selbst steht ein anderes kleines Heiligtum, ein Dach, eine Lampe an einer Kette, ein paar verstaubte Bilder – man kann da Wasser trinken und eine Pfeife rauchen, ganz in Frieden …

Die Moscheen haben die Zeiten besser überdauert als die Paläste – das alte Schloß des Schahs von Persien sucht man vergeblich. Wohl aber gibt es Reste reicher Gartenanlagen, und inmitten von Hainen und weißblühender Kirschbäume – Cihil Sutun – ein kleiner Palast, fast ein Gartenpavillon, ein fremdartiges und anmutiges Bauwerk. Sein Name besagt: »Vierzig Säulen« – doch ist die Vorhalle nur von zwanzig schönen Holzsäulen getragen, die anderen »stehen im Wasser«, so erklären es die Perser. Gemeint ist das Spiegelbild der zwanzig in dem länglichen Wasserbecken, welches sich vor der kleinen Palastfront wie ein Teppich abrollt und außer den Säulen auch Kirschbäume und weiße Wolken in seine schimmernde Tiefe zieht ...

Nichts liebt der Perser mehr als stehendes und fließendes Wasser, einmal seiner Seltenheit und Kostbarkeit wegen, aber auch wegen der Verwandtschaft des bewegten Elements mit organischer und reich fließender Ornamentik. Wasserbecken und kleine Kanäle fehlen in keinem persischen Garten, und häufig wird auch eine Wasserader mitten durch das Wohnhaus geleitet: dies sieht man in einfachen Häusern und in Sommerpalästen. Ein Ruhebett quer über einen solchen Kanal zu stellen, gilt als besondere Annehmlichkeit.

Draußen zollt man Flüssen und Bächen die gleiche Aufmerksamkeit, und in keinem Land gibt es eine größere Mannigfaltigkeit an anmutigen, schöngeschwungenen, geraden und steilen, offenen und überdeckten Brückenformen.

Die Brücken von Isfahan gehören zum Bild der Stadt wie Meidan, Gärten und Moscheen. Sie sind aus Lehmziegeln gebaut, gelb über dem gelben Fluß. Kommt man von Süden, aus Schiraz, so ersetzen sie die Tore: man rollt über ihren leicht aufsteigenden Bogen, durch ihre hallende Galerie in die Stadt hinein.

An ihrem Ein- und Ausgang stehen Gendarmen, Pistazienverkäufer, und Teeköche, die das Wasser für ihren Messingsamowar aus dem Fluß herausholen.

An schönen Frühlingstagen ziehen die Bürger von Isfahan mit Frauen und Kindern über ihre Brücken ins Freie, lassen sich – wie man es auf alten Miniaturen sieht – am grünen Ufer nieder, und jede Khanum trägt unter dem Arm ihren kleinen Samowar. Und während gegen Abend die mit weißen Pferden bespannten Droschken durch die Brückengalerien stadtwärts rollen, stehen Kinder und verschleierte Frauen in den Nischen über dem fließenden Wasser und sehen dem Schauspiel des Sonnenuntergangs zu.

[1934]

Teheran

Keine Jahreszeit hätte sich besser eignen können, um die Bekanntschaft Persiens zu machen, als dieser herbe und liebliche Frühling! Die Sonne hat schon einige Kraft, aber die Luft ist frisch und immer von leichtem Wind bewegt. Die großen Hochebenen sehen aus wie dem Himmel entrissen, die Gebirge an ihrem Rand glänzen in überirdischen Farben – aber trotzdem ist das Land nicht urweltlich, sondern präsentiert sich als alter, geschichtlicher Boden und weckt abwechselnd Ehrfurcht und Neugier. Man versteht immerhin, daß es den Arabern so leicht gelang, die Perser von ihrer Vergangenheit zu trennen und ihnen ihre Religion zu nehmen und durch den Islam zu ersetzen; und man versteht noch besser, daß später die Legenden Firdusis zur nationalen Tradition erhoben wurden, ohne daß es jemandem einfiel, an ihrer mehr als geschichtlichen Wahrheit zu zweifeln. Denn jedes Geschehnis muß hier einen gleichsam übernationalen Charakter erhalten und es konnte keinen Anstoß erregen, Städte, Tempel und Paläste Göttern und Heroen zuzuschreiben, wie auch die Throne, die Grabmäler und die Bilder, die man in Felsen eingehauen fand und deren Inschriften von niemandem mehr gelesen wurden …

Man liest sie heute, und wenn die Ausgrabungen fortschreiten, Ekbatana und Rhage freigelegt werden, und Persepolis seine letzten Geheimnisse hergibt, wird man alles beim rechten Namen nennen und den Ereignissen ihren rechten Platz zuweisen können. Aber die Tatsache wird nur bestätigt werden, daß dieses den irdischen Maassen entrückte Land der Schauplatz aller riesenhaften und furchtbaren, zuweilen auch erhabenen menschlichen Geschehnisse wurde, gerade, als ob die Menschen der Nähe des Himmels nicht gewachsen wären und in taumelnde Selbstüberhebung gerieten. In diesem Zusammenhang machte die Legende sie zu Halbgöttern – Persien war damals die Heimat eines unruhigen, hochfahrenden und begabten Volkes geworden, dessen Jünglinge ich gern von Hölderlin beschrieben wüßte; sie sind ritterlich und schwärmerisch, vom Wert ihrer kriegerischen Tugenden überzeugt, dabei von verletzlichem Stolz. Man lehrt sie »mutig sein und gut reiten« – aber diese Ideale verblaßten während der jahrhundertelangen Fremdherrschaft von Türken und Mongolen. Ihre Heimat ist das »Tor von Asien« und unendliche Völkerzüge wälzen sich über seine Hochebenen, nicht ohne etwas davon zurückzubehalten; sei es auch nur die Erinnerung an seine Größe. Für alles büßten die Perser. Mit der Dynastie des Schah Abbas begann eine neue nationale Geschichte, aber es war die einer langen Degeneration. Eine solche Verfeinerung der Kunst, mit der sie sich fast ausschließlich beschäftigten, ist immer schon das Zeichen der Abwendung von den groben, handfesten Aufgaben des Kriegführens und vom nationalen Ehrgeiz.

Die Perser verraten heute eine Genügsamkeit, wie

sie Völkern eigen ist, die eine große Aufgabe hatten und ihre Rolle erfüllten, und nun bereit sind, in den großen Schoß der Geschichtslosigkeit zurückzukehren. Es mag etwas orientalische Indolenz mit dabei sein, doch soll man sie nicht mit der Erschöpfung aus tieferen Ursachen verwechseln. Die Inder erfanden nach einem verwandten Schicksal eine Religion der Passivität und beschwören die unendliche Auflösung in unsere endliche Zeit. Die Perser aber sind heute noch, wenigstens in religiösen Gefühlen, eines Fanatismus fähig, der wie ein Aufflackern bedrohter und im Kern schon angegriffener Energien ist. Sonst aber warten sie, anscheinend ohne große Hoffnungen, darauf, daß die Pforten des Paradieses sich ihnen öffnen.

Ali, ihr Prophet, und ihr Liebling Hussein tragen Märtyrerkronen, doch kennen sie nicht die Verklärung des Leidens, die dem Christentum eigentümlich ist, und haben deshalb auch keinen Trost demütiger Herrlichkeit zu vergeben.

Wirksamer ist jener unbenennbare Zustand des »Khef«, der die Grenzen zwischen angenehmen und leidenden Empfindungen verwischt, den schwachen Willen des Individuums auslöscht und ihm eine körperlose Hand aus den Wolken leiht …

[1934]

Persepolis

Die Fahrt nach Persepolis dauerte zwei Tage. Doch mußten wir immer bis tief in die Nacht hineinfahren, denn es regnete und die Straße war schlecht. Bäche stürzten über sie hinweg; Löcher, Gräben, richtige Flußbette bildeten sich. Es gab Reifenpannen, man saß in der Dunkelheit am Straßenrand und flickte. Oder der Magnet wurde naß – das war ein großer Ärger. Der Chauffeur nahm ihn fluchend heraus, deckte ihn mit seinem zerrissenen Rock, um ihn vor dem Regen zu schützen, und goß Benzin darüber. Wenn ein Reifen geflickt wurde, schmierte er Leim über den Flecken und zündete ihn an; es gab eine kleine Flamme, die sich rasch ausbreitete, und der Mann blies hastig, um sie wieder auszulöschen.

Bei all diesen Arbeiten half ihm das »verwahrloste Kind«. So hieß ein Junge mit einem Mongolengesicht und einem glattgeschorenen, dunklen Köpfchen. Er war vielleicht dreizehn Jahre alt, vielleicht schon siebzehn. Er hatte schwarze Augen und weinte oft. Unbeschreiblich zerrissen waren seine Kleider. Er band die Hose, oder was von ihr übrig war, mit einer Schnur zusammen, und aus den Schuhen sahen seine mit Lappen umwickelten Zehen heraus, als wir von Teheran abreisten, besaß er noch eine kleine schmutzige Ledermütze; sie glich einem Melkerkäppchen und war ausgefranst. Er setzte sie auf, dann wandte er sich zurück und lächelte mich an, ein wenig beschämt und zärtlich: so empfand er seine Mütze. Der Chauffeur, sein Meister, hatte ein böses Herz. Er griff plötzlich nach dem Käppchen, riß es dem Buben vom Kopf und warf es auf die Straße.

Als es kalt wurde, zog der Junge ein öliges und zerrissenes Stück Leinwand hervor und band es sich um. Er verknotete es fest im Nacken.

Er war sehr häßlich. Er hatte lange Affenarme, eine breite Nase, eine niedrige Stirn. Aber er verstand es, ergreifend zu lächeln.

Er war angestellt, Reifen zu wechseln, Wasser zu tragen, für Öl und Benzin zu sorgen. Außerdem unterhielt er den Chauffeur. Er plauderte unentwegt und sang dazwischen. Er erzählte mit einer aufgeregten, hohen Kinderstimme, lebhaft, dramatisch, beifallfordernd. Wenn er sang, schlug die Stimme um und wurde tief und schwermütig.

Manchmal schlief er ein. Dann gab ihm der Chauffeur eine Ohrfeige, um ihn zu wecken, und er fuhr in die Höhe, rieb sich mit der schmutzigen kleinen Faust die Augen und erzählte schon wieder angeregt. Weiß der Himmel, was ihm immer einfallen mochte!

Er war für alles verantwortlich; deshalb wurde er viel geschlagen und hatte oft Ursache, zu weinen. Dann geriet der Chauffeur in Verlegenheit, saß mürrisch am Steuer und vermied es, den leise und empört Schluchzenden anzusehen.

Ich warf ihm, sobald es zu regnen begann, meine Kurdendecke nach vorn. Er wickelte sich hinein und zog sie über den Kopf und saß wie in einem Zelt. Es stimmte ihn fröhlich, vor dem Regen geschützt zu sein, er sang heiter und lachte manchmal ganz ohne Grund.

Der Chauffeur war ein Opiumraucher. Er war jung und von Leidenschaften gequält. Er liebte den Verwahrlosten, aber er konnte es nicht lassen, ihn bei jeder Gelegenheit zu schlagen. Vor den Tschaikhanes hielt er an, legte sich drinnen auf eine Bank und kam eine Viertelstunde später wieder heraus und brachte eine Wolke von süßlichem Opiumgeruch mit. Bleich sah er aus, mißlaunig, die Haare hingen ihm in die Stirn. Der Junge half ihm über das außen am Wagen festgebundene Gepäck zu steigen. Dann kurbelte er den Motor an, und wir fuhren weiter durch den Regen.

Die Ortschaften sahen trostlos aus. Am Abend des ersten Tages kamen wir an einen richtigen, breiten Fluß, träg strömten gelbe Wassermassen vorwärts, mitten im Fluß lagen zwei Lastwagen wie niedergebrochene Tiere.

Der Verwahrloste ging ins Wasser; es stieg bis über seine dünnen Schenkel. Wir kehrten um und fanden einen Führer im nächsten Dorf, der uns eine Furt zeigte.

Um ein Uhr nachts kamen wir nach Isfahan. Am nächsten Tag sahen wir einen merkwürdigen Ort. Er lag wie eine Festung auf einem langen, steilen Felskamm. Die Häuser sahen weiß aus, aber sie waren verwahrlost und zerfallen. Brücken führten vom Felsen über die Schlucht auf das feste Land hinüber. Auf einer Seite des Felsens lag ein grünes Tal mit vielen kleinen Wegen. Aus seiner frischen Farbigkeit stieg die Stadt schemenhaft empor. Sie hieß Jäzdi Chast.

Gegen Abend erreichten wir das Dach von Persien, eine ungeheure Einöde. Ich glaubte, daß wir jeden Augenblick am Ende der Welt sein würden. In der Dunkelheit fuhren wir hinunter, sahen ein Feuer in der Höhle einer Felswand, irrende Lichter von Hirten und aus Zelten rötlichen Schein. Felsen und Farrenkräuter, eine gespenstische Gesellschaft, rückten uns nahe auf den Leib. Rechterhand lag ein Sumpf; silberne Weidenbäume neigten sich schweigend über das dunkle Element, Scharen von Fröschen schrien ohrenbetäubend. Das verwahrloste Kind schlief; der Chauffeur weckte ihn nicht und sang leise, um die Gefahr zu beschwören.

Persepolis lag am Ende einer neuen Ebene, seine Säulen ragten auf hoher Terrasse wunderbar in den bewölkten Nachthimmel, und der Name wurde Wirklichkeit.

Ich war am frühen Morgen auf der Terrasse und sah auf die Ebene hinunter. Die Straße von Schiras durchschnitt sie wie die Bahn eines Pfeils und endete an blauen, verschwimmenden Bergketten.

Die Säulen der Säle und Paläste, ihre Tore, Höfe und Treppenaufgänge traten aus dem Schatten der Dämmerung hervor. Was der königliche Name enthielt, nahm hier Gestalt an und verdichtete sich, wie durch einen einzigen Schöpfungsakt in endgültige und sprechende Form gebracht.

Die gleiche Reinheit des Stils, Unverletzlichkeit eines Weltbildes, die gleiche Schranke und Abwehr der

Freiheit neben einer höchst raffinierten Technik und einem unfehlbaren Geschmack fand ich im Detail: der gebäumten und verhaltenen Stierhäupter, der ritterlichen Pferde mit ihren Glöckchen, Zügelringen und kunstvollen Gebissen, der schreitenden Kamele der Tributbringer, der Reihen der Soldaten und der schmalen und anmutigen Hand des Blütenträgers.

Schiras liegt weiß, von dunklen Zypressen umrahmt, in einer grünen Ebene. Wir fuhren mit dem Lastwagen von Persepolis hinüber und erblickten sie am Fuß des hohen, kahlen Passes. Sie ist reich an Heiligtümern. Drei Dichter liegen in ihr begraben, auch Hafis, der soviel Wein in all ihren Schenken und Gärten getrunken hat.

Auf den Hügeln ringsumher liegen kleine Moscheen mit spitzigen Minaretts, auch sie von Zypressen umgeben. Schiras ist, wie die Stadt Florenz in der Toskana, heiter und kunstsinnig, voll von Gärten und Brunnen.

Wir blieben den ganzen Tag in dem großen Garten eines englischen Freundes und dachten an Europa.

Am Abend holte der Chauffeur uns wieder ab. Er hatte Benzin und Öl gekauft, und der Wagen fuhr schwerbeladen und langsam die Passstraße hinauf.

Eines Nachts, es war gegen zwei Uhr, fiel es uns ein, nach Naksch-i-Rustem zu fahren. Weshalb nachts? Die Begriffe der Zeit waren mir abhanden gekommen, und am hellen Tage hätten wir es nicht gewagt.

Der Weg war vom Wasser unterbrochen; mitten in sein steiniges, zerlöchertes Bett hatte sich ein Fluß gestürzt, die Ufer waren steil und brüchig. Gurgelnd lief das Wasser um unsere Räder, floß über das Trittbrett und unsere Füße, als wir die Durchfahrt versuchten.

Lange rührte sich der Wagen nicht mehr; die Räder drehten leer und schleuderten das Wasser in hellen Garben von sich. Dann packte der Motor wieder an, und der Wagen sprang, wie ein Tier, die Böschung hinauf.

So erreichten wir nach einer Stunde die Felswand von Naksch-i-Rustem.

Oben, in einer der Grabkammern, schliefen Wächter. Wir weckten sie mit lauten Rufen; da erschienen sie mit Lampen, sie leuchteten in die Tiefe, und das Licht glitt langsam über die Tributzüge und Besiegten, über die große schwarze Wand und wieder aufwärts zu den Königsgrüften.

Die Wächter holten ein Seil und eine Leiter und ließen sich einer nach dem anderen zu uns herunter. Sie trugen unsere Pustine und begleiteten uns mit ihren Lampen, als wir im Rücken der Felswand emporstiegen.

Es war halb vier Uhr, als wir oben ankamen; eine wunderbar klare Nacht. Vor uns fiel Naksch-i-Rustem senkrecht in die Tiefe.

Wir wickelten uns in die Pustine und legten uns zum Schlafen nieder. Zuerst blendete uns der mit Sternen besäte Himmel; aber wir kehrten das Gesicht der Erde zu und schliefen gleich ein.

Zwei Stunden später weckte uns die Morgenkälte. Durchsichtiger Dunst lag über der Ebene; die Felsen waren noch grau von der Nacht, aber die Berge am Rand der Welt schwebten losgelöst wie große

Segelschiffe durch das Meer des beginnenden Tages. Als die Sonne aufging, glänzte unten der Fluß wie ein schwarzer Spiegel.

Die Wächter brachten uns Tee. Wir stiegen mit ihnen hinunter zu den Gräbern, den edlen Königen, den Reiterkämpfern. Hirten halfen uns, den Wagen durch das Wasser zurückzubringen.

Kamelkarawanen reisen des Nachts. Sie brechen in der Stunde der Dämmerung auf und ziehen auf der großen Landstraße Persiens nordwärts, vom Golf über Schiras und Isfahan oder südwärts von Täbris und dem Kaspischen Meer gegen Teheran. Große und kleine Glocken hängen am Hals der Tiere oder seitlich an den Tragsätteln. Die Kleinen bimmeln ganz hoch, melodiös und traurig, die Großen schlagen gleich heidnischen Gongs und dröhnen wie dumpfe Trommeln. Von weither vernimmt man sie – erst wenn man ganz nahe ist, tauchen die wiegenden, langlippigen Tierhäupter auf, hinter ihnen, schweigend und verhüllt, die Gestalten der Treiber.

Es ist in der jetzigen Jahreszeit des Nachts noch ziemlich kalt. Aber aus alter Wüsten-Gewohnheit ziehen die Karawanen nicht am Tag, sondern während der Stunden der tiefsten Dunkelheit.

Wir setzten, nach dem Abenteuer von Naksch-i-Rustem, unsere nächtlichen Fahrten fort.

Es war eine wirksame Versuchung.

Denn, was am Tag mit seinen gewöhnlichen Einteilungen und Mahlzeiten eben noch erträglich war, das entzog sich in der ungewohnten Abfolge von Abend, Nacht und Dämmerung vollends unseren

Massen. Und ließ sich im hellen Tageslicht die Größe der Landschaft noch auflösen in Ebene und Hügel, Straße und Bachlauf, Wiese, Feld und Geröll, so wurde alles des Nachts eine einzige gigantische Gestalt, und in der Morgendämmerung, kurz vor Sonnenaufgang, schien das Weltall greifbar und rollte sich majestätisch vom Nacht- zum Taggestirn.

Es kam leicht vor, daß Fassung und Gleichgewicht ausbrachen wie scheugewordene Pferde. Ratlos und entfremdet stand man vor seinem nach Zeit und Kräften begrenzten Dasein … Dafür trat eine vage Hoffnung ein, daß man sich welttragenden und -bewegenden Mächten getrost überlassen dürfe. Sie zu erkennen, gab zuerst das Gefühl einer großen Freiheit, doch bald war man ermattet und sonderbar enteignet – wie konnte das zugehen? Ja, man sah bald ein, daß es galt, Verführungen zurückzuweisen und sich mannhaft zu behaupten: denn wie sollen wir sonst den Kreis unseres Daseins überstehen, der sich am Ende schließt?

Weiße Strahlenbündel blendeten uns auf der Landstraße nach Pasargadae. Von weitem sahen wir die alte Königsstadt liegen, und das Grab des Kyros leuchtete in der Sonne wie ein Edelstein. Zwischen den Hügeln lief die Heerstraße und verschwand im magischen Tal der blauen Segel; wie ein Fluß, der eine Strecke weit in unterirdischem Bett fließt, so verschwand sie und tauchte bei der dritten Königsstadt, Persepolis, wieder auf.

Dann wurde es Nacht, und wir fuhren immer weiter und die Dörfer waren erstorben; zwischen leprafarbigen Mauern schlugen Hunde rasend und wutentbrannt an.

Vor Benzinstationen stauten sich Lastwagen wie eine Traube in der engen Gasse. Feuer brannten, Lampen und Samoware leuchteten aus dem Inneren der Tschaikhanes.

Zerfetzte Buben liefen mit den schweren Benzinkannen hin und her; die Chauffeure polterten aus der Teestube, öffneten die Haube ihres Motors und beugten sich prüfend darüber. Kinder hielten das Licht. Auf Zehenspitzen schlichen Bettler umher und lallten eintönige Klageweisen.

Wir fuhren wieder; die kahle Landstraße war eintönig, und wir füllten sie mit dem Brausen unseres Motors.

Ich fuhr nicht mehr mit dem verwahrlosten Kind. Der Architekt von Persepolis begleitete mich, und wir fuhren im großen Wagen der Expedition.

Um uns wach zu halten, erzählten wir uns kleine Geschichten und agierten und lachten wie Schauspieler. Ringsum stand uns steinernes Schweigen entgegen.

Spät in der Nacht lag unter uns Isfahan, mit weitverstreuten Lichtern. Man erkannte den Fluß und fuhr durch die dröhnende Brückengalerie. Bleich glänzte darunter das Wasser.

Wir blieben den folgenden Tag und sahen Meidan-i-Shah, den klassischen Poloplatz: von dem durch Holzsäulen getragenen Dach des »Hohen Tores« aus waren seine Ausmasse atemberaubend.

Wir gingen in die schöne Moschee Lutf'ali und erfreuten uns an den zarten und köstlich gerankten

Ornamenten seiner Mosaike aus Persiens bester Zeit; wir gingen in die Mesdjid Shah des Afghanenbefreiers (mehr ein Monument als ein Kunstwerk) und in die Freitagsmoschee, Mesdjid-i-Djumh; sodann in die dörfliche Harun-i-Wilajet: in weißen Wandnischen waren dunkle Heilige gemalt, Reiter vor einer romantischen Landschaft, und mitten im sauber gefegten Hof hing an bronzener Kette eine Lampe. Fromme beteten dort und tranken Wasser aus einem alten Brunnen.

Auch Cihil-Sutun verfehlten wir nicht. Der Name bedeutet »Vierzig Säulen«, doch sind es in Wirklichkeit nur zwanzig, ein von zwanzig schlanken Holzsäulen getragenes Vordach – aber sie spiegeln und verdoppeln ihre Zahl in dem länglichen Teich, der sich wie ein Teppich vor dem Schlößchen ausrollt und blühende Kirschbäume zart gebrochen in sich aufnimmt …

Den Nachmittag verbrachten wir im Bazar von Isfahan, der erfüllt ist vom Gehämmer der Kupferschmiede, vom Klopfen der Silberschmiede, vom Brausen der Blasebälge. Auf den Gallerien trockneten Federschachteln und Buchdeckel und all die Arbeiten der Lackmaler in der Sonne.

Ein Miniaturenmaler zeigte uns die Darstellung eines Polospiels, die er in elf Monaten langer Arbeit für die Königin von England gemalt hat: hundert Pferde in gestrecktem Lauf füllen den Meidan-i-Shah, Pappeln begrenzen ihn, und die Säulen des Hohen Tores.

Um halb zehn Uhr abends fuhren wir weiter, die ganze Nacht hindurch.

Wieder folgten sich Paß und Ebene, kahle Landschaft, nächtlich blaß, und Ketten, die sich als kühne Schattenwerfer in den meergleichen Horizont schoben. Auf den Höhen wehte ein frischer Nachtwind, dann glitt man hinab und folgte dunklen Flußläufen. Und so Stunde um Stunde, nur der Himmel wechselte und war bald wie ein samtener Vorhang, mit Sternen besät, bald von milchigen Wolken erhellt.

In den Tschaikhanes, wo wir Tee tranken und harte Eier assen, lagen Chauffeure in Teppiche gewickelt. Blasse Kinder holten heißes Wasser aus dem Samowar und bedienten uns schweigsam und erstaunt.

Um drei Uhr nachts blieben wir in einem Fluß liegen und arbeiteten wohl eine Stunde lang, um den Wagen wieder auf festen Grund zu bringen.

Erst gegen sechs Uhr begann die Dämmerung. Ketten tauchten auf und versammelten sich, vom dunklen Violett und fast schwarzer Stahlfarbe bis zum Gelb und zarten Blau. Fast in Wolken aufgelöst, trat – zweihundert Kilometer entfernt – endlich der Demawend hervor. Wir warteten auf einem Hügel, bis die Sonne, durch Feuergarben angekündigt, schwarz kreisend über dem roten Rand der Erde aufstieg.

Nun flossen Schatten und Licht übereinander hin; Wärme verbreitete sich, der kahle Boden färbte sich rosa.

Wir kamen nach Kum, der heiligen Stadt, und schon blendete die Sonne unsere übermüdeten Augen.

Dort gab es ein letztes Hindernis: die Straße war überschwemmt; man leitete den Verkehr durch die engen Bazargassen, Lastwagen und Eselherden stauten sich und verstopften alle Adern. Wir warteten hinter einem Lastwagen eingekeilt, bis man sich entschloß, von jedem Chauffeur zwei Kran einzusammeln, um den Hausbesitzer am Ende der Gasse zu entschädigen; als das Geld beschafft und zur Stelle war, begann man dann munter, die störende Hausecke abzuhacken.

Wir erzählten uns nichts mehr. Die letzte Strecke war schlecht, das Steuerrad schlug in unseren Händen hin und her. Um zwölf Uhr mittags fuhren wir, ausgedurstet und verbrannt, durch das bunte Stadttor von Teheran.

[1934]

Niemandsland – zwischen Persien und Afghanistan

Meshed liegt hinter uns, – vergessen wir es, über dessen neuen, schnurgeraden Straßen und engen, gedeckten, halbdunklen Bazargassen die goldene Kuppel des Grabmals von Iman Reza strahlt wie eine aus dem unbeweglich blauen Himmel niedergesunkene Glocke, wie ein im Mittag kreisendes und gleißendes Gestirn, – vergessen wir das Dunkel und die Spiegelpracht im Inneren des Heiligtums, und das Stöhnen und Weinen ausgemergelter Pilger, – Schiiten aus allen Teilen Asiens, die Jahrzehnte ihres Lebens davon geträumt haben, die Gitterstäbe des Sarkophags zu küssen, und Wüstenstrecken zurückgelegt, Strapazen erduldet haben, um heute barfuss den Marmorboden zu betreten, die vierzehn silbernen und zwei goldenen Türen sich öffnen zu sehen. Da knien sie schluchzend, da klammern sie sich mit rauen Schreien der Erschöpfung und hysterischer Luft an die Eisenstäbe, hinter denen im Dunkel der Imam ruht, zwischen modernden Teppichen, Turbanen, Votivgaben und heiligen Schriften. Draußen aber, rings um die weitläufige Moschee sitzen in winzigen Buden wie in Käfigen Handwerker, Kupfer- und Silberschmiede, Sattelmacher und Schneider, und in runden, mit staubigen Teppichen angefüllten Gewölben feilschen die Händler, und fünfzig Stufen tief geht der Schacht aus dem Bazar hinunter in die Dämmerung der Zisterne, die zerlumpten Träger wanken unter der Last ihrer ledernen Wassersäcke. – Vergessen wir es, – ein gewaltiger Wind weht über die Strasse, die nach Osten führt, und zur Wüstenspur wird, alsbald … Die strohgelben Felder, da und dort, müssen verschwinden in der erbarmungswürdigen Trockenheit, – noch sieht man von den kahlen Bergen Kanalhügel in langen Reihen in die Ebene geführt, die dürftigen Krateröffnungen unterirdischer Kanäle, und von ihnen lebt ein Dorf, ein bisschen Grün um die Bienensiedlung runder, vor Hitze berstender Lehmkuppeln. Oder im Innenhof eines festungsartigen Karawanserails füllt das Kanalwasser eine Zisterne, und im gewölbten Raum daneben geben uns die Männer Tee und Melonen.

Ja, auch hier leben noch Menschen, – und Persien bietet uns eine letzte Überraschung wie ein Gastgeschenk, das uns freundlich stimmen soll, zum Abschied: Wir machen halt, um zwei Uhr mittags, und sehen uns, in der Ortschaft Turbat, nach Schatten um, – in der Mitte zweier sich rechtwinklig kreuzender Strassen ist der in jeder Stadt des neuen Iran obligate runde Platz angelegt, mit einem Polizeiposten, ein paar vertrockneten Beeten, ein wenig Sand und Kies. Ringsum nur verfallene Lehmmauern, Höhlen, menschliche Behausungen, – aber irgendwo, über dem gelben Ruinenfeld, leuchtet Türkis, – und ein gewundener Pfad führt uns zum Tor einer Moschee, deren Reste noch alle Pracht und Anmut der Zeit von

Schah Abbas dem Grossen wachrufen. Ein Garten zuerst, als Vorhof, – das breite Fächergeäst einer Pinie gibt Schatten, und Gras wächst, – uns scheint es weich und satt wie ein Teppich. Das Dreieck einer Kette im niedrigen Tor, ein Blinder, ein Wächter, ein paar Knaben, – und dann zwischen Büschen die lehmgelben und alabasterweissen Steine des Friedhofs, und bestürzend in den Himmel ragend das hohe Tor, das mit zarten Ranken in Blau und Türkis ausgeschmückte Mishrab, – daneben, durch eine Mauer halb verborgen, der grün gedeckte, leuchtende Dom eines Grabmals.

Schah Abbas, erzählt man uns, hat hier die alte Grabstätte eines Khans zerstören lassen, den er für einen Sunniten, einen Abtrünnigen vom rechten Glauben der Schiiten hielt. Aber er hatte sich geirrt, – und reuig versprach er, nach Beendigung eines Feldzugs ein neues Heiligtum zu erbauen.

Wir hätten Lust, hier noch einmal nach persischer Art im Schatten zu liegen, die Augen im Blau, und Melonen zu essen. Aber ein Polizist weicht uns nicht mehr von der Seite, es ist verboten zu photographieren, er geleitet uns in den heißen Hof einer »Garage«, und wir sind froh, ein wenig Tee zu trinken und heil davon zu kommen. – Noch fast hundert Kilometer bis zur Grenze, und der Horizont wird größer und leerer, der Wind stärker und heißer, die Berge am Rand der Ebene verlaufen sich, wir kreuzen trockene Flussbetten, – wann kommt der Abend, ein wenig Kühle? Endlich ein Hügel, gekrönt vom Lehmviereck einer Festung, davor ein Soldat in hellblauer Uniform. Und gleich darauf, in der Mulde, das Dorf Dussusabad oder Karis, – die Grenze.

Sieben Uhr abends. Man geleitet uns in einen großen Hof, bringt uns Tee, Gurken, Trauben, Melonen, verspricht uns, den »Chef« zu wecken, im trüben Bassin, das den »Garten« andeutet, holen wir Wasser für den siedendheißen Kühler unseres Wagens, – die Formalitäten dauern lang, der Mond steht am lichtgrauen Himmel. Und man warnt uns, um diese Stunde allein weiter zu fahren, in das Niemandsland … aber wir wollen die andere Seite erreichen, Islam Kalé, den ersten Posten Afghanistans. – Nach sovielen Grenzen, die wir berührt, überschritten haben, – diesmal ist es unsere Grenze, die lang erwartete und ersehnte, – und drüben, jenseits des jetzt in Halbdunkel gehüllten Wüstenstreifens, liegt Afghanistan.

Was ist daran so wichtig und besonders? – Scheiden sich hier zwei Erdteile? – Wird das Gelb des Lehms, der hitzige Wind, der Aspekt der weit entfernten Randgebirge wechseln, werden die Ebenen weniger endlos, die Horizonte tröstlicher sein? –

Die Grenzziehung hat sich hier oft verändert. Die erste größere Stadt Afghanistans, noch 150 km von uns entfernt, ist Herat, – die Kapitale der Timuriden, die die herrlichsten Minarette bewahrt, Denkmäler, so eindrucksvoll wie die von Samarkand, – und Herat, so hieß es, trennte das Reich des großen Timurs in seine indo-afghanischen und iranischen Hälften. Von Balkh, dem alten Baktrien, führen die Strassen zum Oxus und hinüber nach Turkestan, – hinunter nach Kandahar, Kabul und Indien, – oh, Magie der

Namen! Noch sehen wir vor uns die einsamen Lichter von Islam Kalé nicht, noch tasten wir uns durch die Wüste, den Telegraphenpfählen entlang, und die Disteln knistern unter unseren Rädern. – Keinerlei Spuren: seit Tagen, vielleicht Wochen scheint hier kein Wagen durchgekommen zu sein, und wir erinnern uns, dass der ohnehin spärliche Grenzverkehr wegen Cholera gesperrt ist. Nur einigen Zufällen des Schicksals verdanken wir es, unterwegs zu sein zwischen den Ländern, und wir nennen sie glückliche Zufälle. Weiße Vögel begleiten uns, Geier, auf lautlos segelnden Schwingen, und der Mond hat die gleiche Farbe. Es ist doch, endlich, ein wenig kühler geworden? – Der Wind kommt von Amu Darja, aus Russland, – und Sandhosen wirbeln nach Süden, der großen Wüste zu, die bis nach Zainan, Seistan, Belutschistan reicht, bis an den persischen Golf, und an deren Rand wir uns entlang bewegen. Wir löschen das Licht des Kilometerzählers …

Da sehe ich plötzlich, schon greifbar vor mir, drei weiße Gestalten. Weiße Turbane, weiße Zähne, weiße flatternd gebauschte Hosen, – und vorgestreckte Gewehre und rauhe Schreie zwingen mich, anzuhalten. Dunkle Gesichter im Fensterrahmen des Wagens, die drei Burschen sprechen schnell, heftig, alle gleichzeitig auf uns ein, und wir lachen: »Ihr müsst französisch mit uns sprechen, oder deutsch.« Einer wirft seine Flinte hinter unsere Sitze, und klettert blitzschnell, ein gewandter, junger Hirte, in den Wagen. – Er führt uns nach Islam Kalé.

Ein wenig später liegen wir auf unseren Schlafsäcken

auf dem Fußboden eines Zimmers in einem der Grenzgebäude. Kein Baum, denke ich, kein Garten, aber sicher doch eine Zisterne, und draußen in der Distelwüste Kamelherden und schwarze Zelte? – Dann: die Seidenstrasse hat hier vorbeigeführt, – es ist die Route Marco Polos, der Soldaten Alexanders?

Vor unserem Fenster liegt auf einem Teppich ein weißgekleideter Afghane. Er streckt eine Hand aus und murmelt im Halbschlaf: »Hast du eine Zigarette?«

[1939]

Die Steppe

Es ist lange her, zwei Monate, oder zweieinhalb, und gehört schon wieder der Vergangenheit an. Und doch war es im gleichen Sommer, dessen Ende ich jetzt in Kabul erlebe, der Hauptstadt Afghanistans, – und im Verlauf der gleichen Reise, die mich über viele Grenzen, Hauptstädte und Stationen aller Art bis hierher geführt hat. Die Graubündner Polizeinummer und das kleine Schweizerkreuz an meinem Ford beweisen mir nötigenfalls, daß sich alles programmgemäß, und so vollzog, wie ich es in meinen Tagebuch-Notizen verzeichnet finde. – Und es ist manchmal nötig. Vielleicht ist mein Sinn für die Realität nicht sehr scharf entwickelt, vielleicht fehlt es mir an sicherem und beruhigendem Instinkt für die handgreiflichen Gegebenheiten unseres Erdendaseins, ich kann Erinnerungen nicht immer von Träumen unterscheiden, und oft verwechsle ich Träume, die in Farben, Gerüchen, plötzlichen Assoziationen wieder lebendig werden, mit der unheimlich-heimlichen Gewißheit eines Vorlebens, von dem mich Zeit und Raum nicht anders und besser trennen als ein leichter Schlaf in der Frühstunde.

»Unser Leben gleicht der Reise …«, und so scheint mir die Reise weniger ein Abenteuer und Ausflug in ungewöhnliche Bereiche zu sein, als vielmehr ein konzentriertes Abbild unserer Existenz: ansässig in einer Stadt, Bürger eines Landes, einem Stand oder Gesellschaftskreis verpflichtet, einer Familie und Sippe zugehörig, und verwachsen mit den Pflichten eines Berufs, den Gewohnheiten eines aus allen diesen Gegebenheiten gewobenen »täglichen Lebens«, fühlen wir uns oft allzu sicher, glauben unser Haus für alle Zukunft gebaut, sind leicht verführt, an eine Beständigkeit zu glauben, die dem einen das Altern zum Problem macht, dem anderen jede Veränderung äußerer Umstände als Katastrophe erscheinen läßt. Wir vergessen, daß es sich um einen Ablauf handelt, daß die Erde in ständiger Bewegung ist, und daß wir von Flut und Ebbe, Erdbeben und Ereignissen weitab von unserem sicht- und greifbaren Umkreis mitbetroffen werden, Bettler, Könige, Figuren des gleichen großen Spiels. Wir vergessen es, vorgeblich um unseres Seelenfriedens willen, der denn auch auf rieselnden Staub gebaut ist. Wir vergessen es, um uns nicht fürchten zu müssen. Und die Furcht macht uns hartnäckig. Wir nennen Wirklichkeit nur, was wir mit Händen greifen können, und was uns direkt betrifft – und leugnen Gewalt des Feuers, wenn es schon brennt im Nachbarhaus, aber nicht bei uns. – Kriege in anderen Ländern? – Zwölf Stunden, zwölf Wochen nur von unseren Grenzen entfernt? – Gott behüte, das Grauen, das uns manchmal ankommt, man verspürt es auch beim Lesen von Geschichtsbüchern. Zeit oder Raum, es bleibt sich gleich, was immer uns davon trennen mag.

Die Reise aber lüftet ein wenig den Schleier über dem Geheimnis des Raums – und eine Stadt magischunwirklichen Namens, Samarkand die Goldene, Astrachan oder Isfahan, Stadt des Rosenöls – wird wirklich im Augenblick da wir sie betreten und mit unserem lebendigen Atem berühren. Das Pflaster von Damaskus hallt unter unserem Schritt, die Hügel von Erzerum leuchten im Abendschein, die Minaretts von Herat tauchen auf am Ende der Ebene. Aber eine Cholera-Seuche hält uns in Iran fest, und was eben noch eine flüchtige Vision war, eine Atempause, wird zu einer Episode, einem Abschnitt gelebten Daseins. In Kabul schließen wir Freundschaften, richten uns häuslich ein, kennen den Russen, der europäisches Brot bäckt, und den Gulam Haidar, der Füllfedern, Luftpost-Briefcouverts und Veramon zu verkaufen hat. Schon haben wir unsere täglichen Gewohnheiten, finden den Heimweg im Dunkeln, – und es hängt schließlich nur von einem Zufall ab, ob wir nicht den Rest unseres Lebens hier verbringen: hier oder anderswo, wo das Klima höllisch ist, und der Kaviar spottbillig, das Malariafieber gratis.

Haben wir, früher einmal, Sitten und Gebräuche fremder Völker studiert? Gut und recht, aber wir lernten nicht, wie der Afghane seinen Turban windet, und wußten nicht, wie der tägliche »Palaw« schmeckt, in einem Land, wo man täglich Reis und Schaffleisch zu essen bekommt, und Tee zu trinken, und nie einen Tropfen Alkohol. Auf der Reise wechselt das Antlitz der Wirklichkeit mit den Bergen, Flüssen, mit der Bauweise der Häuser, der Anlage der Gärten, mit der Sprache, der Hautfarbe. Und die Wirklichkeit von gestern brennt noch im Abschiedsschmerz, die von vorgestern ist eine abgeschlossene, nie wiederkehrende Episode, was vor einem Monat war, ist Traum und Vorleben. Und endlich begreift man, daß der Ablauf eines Lebens nicht mehr enthält als eine beschränkte Anzahl solcher »Episoden«, daß es von tausend und einem Zufall abhängt, ob und wo schließlich wir unser Haus bauen dürfen, der Friede unserer armen Seelen aber ist ein köstlich Gut der Freiheit, dem man nicht nachjagen, um den man nicht feilschen soll, noch verhandeln mit den Diktatoren, die unsere Häuser in Brand stecken, unsere Felder zerstampfen.

Fürchterliche Ungewißheit? Fürchterlich nur solange wir ihr nicht ins Auge zu blicken vermögen. Die Reise aber, die vielen als ein leichter Traum, als ein verlockendes Spiel, als die Befreiung vom Alltag, als Freiheit schlechthin erscheinen mag, ist in Wirklichkeit gnadenlos, eine Schule, dazu geeignet, uns an den unvermeidlichen Ablauf zu gewöhnen, an Begegnen und Verlieren, hart auf hart. »Die Reise nach Kabul«, die sich auf der Landkarte einzeichnen läßt, wenn auch nur in großen Zügen, und in Kilometerzahlen berechnen, wenn auch nur ungefähr, ist in meiner Erinnerung schon ein feingewobener Teppich, gewoben Stunde um Stunde aus lebendigem Atem, Schweiß und Blut, und unwiederbringlich verloren, denn die Zeit trägt Siebenmeilenstiefel, seitdem ein Ereignis weitab von meinem Weg: der Krieg, eingegriffen und mich und wohl die meisten meiner Mitmenschen überfallen hat wie Blinde und Taube.

Zwei Monate ist es her, oder zweieinhalb. Der gleiche Sommer, Ende Juli, und ich hatte das iranische

Hochplateau verlassen und war über den Firuzkuh-Paß hinunter gefahren in die dichten Urwälder, die feuchten Dschungel, die überschwemmten, von Moskitoschwärmen bedeckten Reisfelder Mazanderans, bis zur blassblauen, von trauernden Dünen gesäumten Küste der Kaspisee. Fruchtbares, melancholisches, aus Frühleben, Träumen und den Erinnerungen letzter Jahre vertrautes Land, wo der Schah Baumwollspinnereien, Mustergüter, Tabaktrocknereien errichten ließ. Die in dämmernder Armut vom Ertrag ihrer Reisfelder lebenden Bauern wurden zur Fabrikarbeit angehalten, mit Chinin versorgt, der Reis wurde durch Tee ersetzt, einheimische Seidencocons verwertet, im Fischerdorf Mesched-i-Sehr wurde ein Palacehotel erbaut, Schweizer Hoteldirektoren und Färbermeister, Seidenweber und Köche wurde engagiert, Kinder müssen in 12-Stunden-Schichten arbeiten, die zehnjährigen werden mit einem halben Kran oder zirka 15 Rappen täglich, die größeren mit zwei Kran täglich entlöhnt, aber dafür werden die begabtesten unter ihnen in Abendschulen zu perfekten Webern und Spinnern, sogar Vorarbeitern ausgebildet, und vieles andere mehr.

Ich verbrachte die Nacht bei einem Schweizer, seine Frau kochte Kaffee, während wir in der feuchten Schwüle auf der Terrasse saßen und ich mir erzählen ließ über Land und Leute und den Segen der Fortschrittsarbeit: denn in vier Jahren, seit meinem letzten Besuch, hatte sich viel verändert. – Am nächsten Morgen verließ ich Mazanderan, das Kaspische Meer blieb zurück, die Dschungel öffneten sich. Keine Strohdächer mehr, keine Reisfelder, keine

Tierschädel auf Hägen. Dann hörten die Tabakfelder auf, und damit die Besitzungen des Schahs. Dann die Maisfelder, die den Bauern geblieben waren. Noch gab es Weiden, – irgendwo, in einer sanften Hügelmulde, ein Dorf, Bäume, Brot. Auf der Straße ging ein blondbärtiger Mann, in hohen Stiefeln, die Hacke über der Schulter. Ich hielt den Wagen an, – der Mann, blauäugig, antwortete karg, auf Russisch: Jawohl, er war von drüben gekommen, aus Rußland, mit anderen Muschiks. Sie hatten daheim nicht mehr leben können, die Rotgardisten hatten ihnen die letzte Kuh genommen, und die Kreuze und Heiligenbilder aus ihren Hütten. Jetzt hatten sie hier, in Iran, ein neues Dorf. Es gab Schwarzbrot, und Honig, – ob wir welchen kaufen wollten? – Aber es gab keine fahrbare Straße zum Dorf, und dem Russen war es recht, als wir uns trennten und ich meinen geraden Weg fortsetzte: nach Osten, einem weiten Horizont entgegen.

Die Luft wurde dünn und trocken. Ein heißer Wind erhob sich. Jetzt gab es keine Bäume mehr, kein Gras, kein Feld, kein Dorf, keine Hütte, keinen Zaun, kein Wasser. Die Erde wurde gelb. Der blasse Himmel senkte sich plötzlich wie ein schwerer Baldachin, unter welchem alles Leben erstickte, und im rasch hereinbrechenden Abend färbte er sich violett und schwefelgelb, rotbraun, feuerrot, das Schauspiel war schön, aber beklemmend wie eine Vision der Höllischen Komödie. – Und ich wußte jetzt, was mich vorher Bücher und Landkarte nur ungenügend gelehrt hatten: daß ich die tropische Senkung des Kaspischen Meeres verlassen hatte, und die Turkmenensteppe betrat, – den Anfang jener riesigen Steppen und Wüsten, die sich hinziehen durch ganz Zentralasien bis in den Fernen Osten. – Und ich sah diesen Bereich zum erstenmal. Heimat der Nomaden, der schwarzen Zelte, der Jurten. Aber in Iran waren die Nomaden zur Seßhaftigkeit gezwungen im Rahmen des Fortschrittsprogramms, die Stämme ihrer Führer beraubt, und beinahe schon ausgerottet. Und die Teppiche der Pendinischen und Teke-Turkmenen, ihre bunten Satteltaschen und Zeltstreifen, ihre schnellen Pferde? – Zu meiner Linken sah ich, an einem Horizont, der jetzt erloschen und bleifarbig war, ein paar elende Ziegenfilz-Zelte und die sonderbar gravitätischen Silhouetten einiger magerer Kamele. Ein Hund bellte. Und von der Kaspisee her, aus Westen, kamen mit langsamem Flügelschritt weiße Geier. Das war alles. Die Steppe breitete sich aus in Oednis, Schweigen, die Hitze war tödlich, die Nacht vereinigte sich mit diesem »Anfang Asiens« zu einer düsteren Vision. – Da tauchte, vor mir, in gerader Linie, unzweifelhaft also am Ende meines Wegs, der Gumbad-i-Gabuz auf. Der Mongolenturm, Grabmal eines Khans, gigantisch und schlicht, – und ich dachte nicht darüber nach, ob im Gehäuse seines spitzen Dachs noch der gläserne Sarg hänge, wie die Legende der Steppe es will. Mir genügte das überwältigende Wahrzeichen des Menschen, der die Armut und allen menschlichen Maßen abholde Größe der Steppe nicht gefürchtet hatte. Ich atmete tief und versuchte, trotz allem das Leben zu grüßen.

[1939]

Das Antlitz des Grossen Buddha

Er ist dreiundfünfzig Meter hoch, der aus dem Stein der Felswand herausgehauene Koloß. Ein paar Schritte seiner gewaltigen Füße würden die Felder zertrümmern, die griechischen Falten seines Gewandes könnten rauschende Winde entfesseln, seine Hand könnte sich schwer auf dieses Tal legen. Einst lebte und blühte es unter seinem ewigen, innerer Glückseligkeit zugekehrten Blick; nicht weniger als zehntausend buddhistische Mönche bewohnten die Grotten – Weisheitslehrer und Fromme aus Indien, Schüler, Adepten und Laienbrüder aus dem benachbarten Turkestan –, und selbst die Bauern des Tales und die jeden Sommer zu ihren Weiden zurückkehrenden Nomaden standen im Schutz göttlicher Segnung und eines paradiesischen Friedens. Dieses Tal von Bamiyan, zweitausendfünfhundert Meter über dem Meeresspiegel, gebettet zwischen die luftigen Ketten des Hindukusch, Afghanistans wichtigster Gebirgszug, diente einst irdischen und göttlichen Zwecken, die sich zu wohlgefälligem Tagewerk vereinigten. Fleiß der Hände und frommes Gebet, heiliger Eifer, fröhliche Uebung; am Abend stieg der Rauch aus niedrigen Hütten blau und kerzengerade in den Himmel, begleitet vom Geläut heimkehrender Herden und dem Lobgesang der Mönche.

Der Große und der Kleine Buddha von Bamiyan sind Menschenwerk; denn es sind ihrer zwei. Der kleinere mißt 35, der größere 53 Meter. Griechische und sassanidische Kunst und indische Frömmigkeit fanden sich zusammen, um das Wunder zu vollbringen, die gigantischen Nischen mit köstlichen Fresken auszumalen, die Gewandfalten und segnenden Gesten dem Gestein abzugewinnen, die Füße im Talgrund zu verwurzeln, die großen Häupter, Stirnen, Kinn und Ohrlappen mit Holzstiften festzuhalten, während doch das göttliche und stumme Antlitz frei in traumhafte Wolkenhöhe tauchte, so daß man es kaum mehr zu erkennen, wohl aber anzubeten vermochte. So erschien die Felswand über dem Tal von Bamiyan den Pilgern und Wanderern, die aus dem sehr fernen Indien kommend auf einer berühmten Straße nordwärts nach Baktrien und Zentralasien zogen: eine Felswand mit tausend Grotten, heiligen Andachtsräumen, bevölkert von Frommen, gewaltig beherrscht vom Bild des Gesegneten.

Wir aber sind zu spät eingetroffen. Vor mehr als tausend Jahren haben die Araber mit Brandfackeln und Bogenpfeilen gewütet, erschlagen, ausgerottet, in Asche gelegt; es gelang ihnen, dem unschuldigen Leben von Bamiyan ein Ende zu machen. Und nicht genug: Sie zertrümmerten die kleinen Figuren in ihren girlandengeschmückten Nischen, jene hellenistischen Knabenhäupter mit sorgfältig gelocktem Haar, Epheben in anmutig trauernder Haltung, und die Bilder jener jungen Mönche, die noch die reizenden Züge und vollen Lippen griechischer Jünglinge besaßen, jedoch schon das kreisrunde Urna-Zeichen zwischen den Brauen trugen, der sassanidischen Ritter, der fetten Laienmönche sowie eine ganze Welt von Fratzen und Dämonen. Mit dem Hammer trafen sie endlich das große Antlitz des Buddha; jetzt ist es leer wie eine Mondscheibe und fürchterlich blicklos.

Gegenüber der Felswand erbauten sie dann eine arabische Festung und eine große Stadt: Shahr-i-Golgola. Doch sind davon nur noch Ruinen übrig; der Mongole Tschinghis Khan ließ sie zerstören, um seinen gefallenen Lieblingsenkel Mütügen zu rächen. Fortan sollte Bamiyan einen anderen Namen tragen: »Der schlechte Ort«, und verflucht sein.

Nach vielen hundert Jahren ist die Geschichte von Bamiyan beinahe vergessen; der Tod ist über die Fluren gegangen; Flammenmeere haben sich an seinen Mauern gebrochen; nur Legenden sind übrig geblieben von Königen, Prinzessinnen und Drachentötern. In einer Hütte am Dorfrand wohnt ein blinder Dichter, der Tausende von schönen Versen weiß, solche persischer Dichter und seine eigenen, tönende und sanfte Worte von Tod und Liebe. Er ist alt, erinnert sich kaum an die Tage, als er ein Knabe war, die Schafe seines Vaters hütete und jeden Morgen die Sonne aufgehen sah. Jetzt sieht er nichts, während wir mit ihm am Flußufer sitzen und das Licht eines Sommerabends über die vielfarbigen Halden gleitet. Er spricht, er singt, der Alte, als sage er Liebkosungen, und er lauscht, als werde ihm Antwort zuteil. Er rezitiert Stunde um Stunde; es ist längst dunkel geworden; jetzt redet er mit den Sternen. Dieses Tal leuchtet

Das Tal des großen Buddha
Bamiyan, Afghanistan 1939

in der Nacht! Man kann in der Ferne die Bergkette erkennen. Nur die Halden liegen im Schatten; aber die Kämme tauchen aus rötlichem Schimmer silbern auf wie Stirnreifen, zackige Zinnen; dort liegt ewiger Schnee. Im Talgrund regt sich der Fluß, silbern auch er; am Ufer lagert eine Herde Schafe. Schwarze Zeltfirste sind von zuckendem Feuerschein umspielt; die Nomaden schlafen, starke Männer und Frauen, sorglos, als schließe jede Stunde Vergangenheit und

Zukunft ein, als seien sie eins. Traum und Wirklichkeit! – Wir verharren schweigend an der Schwelle, die sie trennt; die fremden Dichterworte rinnen unverständlich, Freude und Schmerz bereitend; wir lauschen, lauschen; der Alte hat seine Hand auf die unsere gelegt, als müsse er sich des unsichtbaren teilnehmenden Lebens versichern.

»Schlechter Ort«, ... die Legenden vom großen Tschinghis Khan. Und heiliger Ort! – Nachbar des himmlischen Gefildes. Keine Stadt mehr, kein Festungstor und keine betenden Mönche. Ein blickloser Buddha, das zerstörte Antlitz dem Mond zugewendet. Wir sind zu spät gekommen, dieses Tal sollte namenlos sein und ohne Erinnerungen. Wollen wir Ruinen sehen, Spuren, Andenken, Reste von Kunstwerken, und uns erschüttern lassen von dürftigen Resten blauer, goldener, rostroter und weißer Malereien? – Die Felswand des großen Buddhas!

Aber die Nacht, auch diese Nacht, wird vergehen und bald zu Ende sein, und ein Tag anheben, fleckenlos, übermächtig, auf Schwingen getragen. Seht das Licht auf den Schutthalden; rinnendes Gold! – Wie nun die Herden in Bewegung geraten, und die Frauen der Nomaden aus den Zelten treten, Kupferkessel auf dem Haupt, und die Felder sich wiegen im frischen Morgenwind. Seht die schlichte Freude des Tales, und wendet den Blick nicht zurück zu jener in Schatten verharrenden Felswand. Hier hat der Fluch seine Macht eingebüßt, der Kaiser sein Recht verloren, das Antlitz von Menschenhand ist erblindet, – hier herrscht Gottesfrieden.

Als die Sonne den Talgrund erreicht, sind wir schon unterwegs, und wir haben nicht einmal Abschied genommen. Wir wollen den Tag loben …

[1940]

Turkestan, vergessene Tage

Die Erinnerung ist ausgelöscht, ich brauche an jene bleichen Tage nicht zurückzudenken. Es gab über jenem Land keine Sonnenaufgänge und kein einziges Gestirn, und wir gingen umher, als habe Gott uns vergessen. Da sprach man kein Gebet mehr! – Was hätte es geholfen? – Wer hätte sich uns zuwenden, uns Hilfe bringen sollen? Am Abend verloren sich die weißen Wüstenpfade am Horizont, der das Oxus-Ufer hieß, und uns verboten war. Deshalb glaubten wir, dort sei das Gelobte Land, und träumten davon. – Ja, ich sah im Traum windbewegte, ganz junge und hellgrüne Bäume, ich sah braune Ackerschollen und schweißbedeckte Pferde, die den Pflug zogen. Freundlichen Rauch sah ich aufsteigen, weiße Wolken ihr Spiel treiben, und meinte entzückt, es gäbe noch irgendwo rauschende Brunnen, den alten Hof, meine Heimat. Aber welches Erwachen! –

Nicht als ob ich dann geweint hätte. Das wäre so nutzlos gewesen wie ein Gebet. Worte, Worte! – Und die stumme Ohnmacht. Trotzdem lebten wir, jetzt frage ich mich, von welcher Gnade?

Die Gärten von Tash Kurgan waren auf drei Seiten von Wüste umschlossen. In ihrem Rücken stiegen Geröllhalden an, und dann war es der Hindukusch, eine schöne Kette, ein Wunder. Manchmal sah ich in sein sanftes Blau, wie man den Himmel ansieht, es war Tag und Nacht unverändert und gehörte nicht zu unserer Welt, obwohl wir seine Täler, seine Saumpfade, und die Straße kannten, die uns hierher an den Wüstenrand Turkestans geführt hatte, und die nun bald von Schnee zugedeckt und abgeriegelt sein mußte. Dann waren wir erst recht Gefangene. Aber da wir von Worten nichts hielten, und nur von einem Tag zum anderen lebten, hätte uns nur einer kommen sollen und von Gefangenschaft reden, die Freiheit preisen! – Wir hätten ihm nicht einmal geantwortet, – es nicht versucht, uns zu rechtfertigen und unser Leben zu loben, in den Gärten von Tash Kurgan. Vielleicht war es gar kein schlechtes Leben? – Denn Tash Kurgan, wenn es auch ein kleines und weltfernes Städtchen ist, hat doch einen reichen, viel besuchten Bazar, – manchmal stauen sich die Kamele in seinen Gassen, von Karawanen, die von weither gekommen sind, und an Markttagen ist das Gedränge groß. Turkmenen und Tadsiken, Afghanen, Usbeken, ein gemischtes Volk von Händlern, Bauern und Nomaden treibt sich umher, die Samoware rauchen, es gibt Lautenspieler, Sänger. Und noch im November reiften Trauben in den Gärten, obwohl draußen, in der Wüste nämlich, schon eisige Stürme eingesetzt hatten und Staubwolken vor sich hertrieben, die sich pfeifend in die Ebene ergossen. Man konnte sich fürchten.

Aber da brauche ich wieder unnötige Worte. Denn natürlich hatten wir das Fürchten längst verlernt.

Ach, wenn ich nur die richtigen Worte finden könnte! – Wenn ich mich nur noch einmal erinnern, und gerecht sein könnte wie ein Augenzeuge! – Ich denke oft, es sei um die Sprache schlecht bestellt. Jeder redet und redet und wendet sich an den Nächsten, den ersten Besten, – und ist nachher ärmer, allein wie Hund, denn seine eigentliche Not verschweigt man doch. Die Kunst des Schweigens, die allerdings haben wir in Tash Kurgan gelernt. Wir tauschten kaum einen Blick aus, preßten nur die Lippen aufeinander, und zählten verstohlen die Stunden, die nicht vergehen wollten. Nicht einmal eine Uhr gab es! – Keinen Glockenschlag. Da lohnte es sich auch nicht, den Sonntag zu feiern, er verging wie andere Tage. Man konnte sich ja darauf verlassen, nicht wahr, daß es Abend werden würde. Die Nächte waren sehr lang, immer schien der Mond und spiegelte sich im Märchenteich. Denn wir hatten vor unserem Haus einen schönen, tiefen, mit Blumen bedeckten Teich, den wir allerdings damals nicht für märchenhaft hielten, er gehörte dazu wie die blaue Hindukusch-Kette. Im Morgengrauen hörte man dann die Gärtner über das Pflaster gehen, bärtige Stumme in Turkmenenstiefeln.

Da schien immer noch der Mond, und wie die Nacht zum Tag wurde, weiß ich nicht mehr.

Kein Engel ging um.

Manchmal dachte ich, so könne es nicht weitergehen, – jetzt, gerade jetzt, sei die Not am größten, und da ich keinen anderen Ausweg wußte, lief ich aus unserem Garten in die Einöde, die gelben Geröllhalden empor, immer weiter, bis ich keinen Atem mehr hatte. Ich war schweißüberströmt und hörte mein Herz klopfen, sonst nichts, – nur aus der Ferne das leise, sehr gleichmäßige Pfeifen des Windes. Aber dort war die Wüste, – bis zum Oxus reichte nicht einmal der Blick, und überhaupt war es wohl nur ein Traumbild. Ich legte mich auf die Erde, preßte mein Gesicht an die Steine, und lauschte. – Eine Antwort! Herr im Himmel! – Ich rang die Hände, betete, betete, schrie und lauschte wieder, und es geschah nichts. Das Nichts wurde groß wie der Himmel, ich bat um Erbarmen, und wußte schon, es sei alles vergeblich. Endlich stand ich dann wieder auf und ging zurück, über die gleichen Geröllhalden, den Hindukusch im Süden. Ich konnte von weitem das Viereck unserer hohen Gartenmauer sehen.

Als ich auf die Straße kam, die von Tash Kurgan durch die Wüste nach Mazar-i-Sherif führt, sah ich zu meiner Überraschung einen rötlichen Feuerschein. Er kam aus der Türöffnung einer kleinen Lehmhütte, und ich trat ein, ohne mich zu besinnen. Drin saß ein Alter auf einer Strohmatte neben dem Samowar. Er lud mich ein, eine Schale Tee zu trinken. Nachher dankte ich, und ging wieder, inzwischen war es draußen hell geworden, die weiße Mondnacht hatte sich wie ein Meer ausgebreitet, und die Einöde sah beinahe mild aus. Ich mußte die Augen schließen, als sei ich geblendet. Dann blieb ich stehen, sah mich um, und hatte kein Herzklopfen mehr. Endlich kam ich an unsere Gartenpforte, und lehnte mich an die Mauer, und merkte, daß ich weinte.

Aber weinen ist nicht immer ein Trost. – Wenn ich es nur überstehe! – dachte ich. – aber ich wußte schon, daß ich es überstehen würde, auch diesen Tag und den nächsten und das fürchterliche Morgengrauen. Von außen konnte keine Hilfe kommen. Schreiben? – Sich an ferne, treue Freunde wenden? – Ich mußte bei diesem Gedanken lächeln, sie waren zu fern, und was hätte man auch schreiben, was erklären, um welche Hilfe bitten sollen.

Ja, auch heute noch, obwohl die Erinnerung ausgelöscht ist und jene Tage weit zurückliegen, weiß ich nicht, in welcher Sprache ich mich verständlich machen soll. Ich möchte die Feder weglegen.

Aber manchmal, in seltenen Stunden, begehre ich auf, und möchte das Schweigen brechen. In der Bibel heißt es, der Glaube könne Berge versetzen, – und könne mit einem Stab an einen Felsen schlagen, dann würde ein Quell hervorsprudeln. Es heißt auch, wenn die Not am größten sei, dann sei Hilfe am nächsten. Aber wenn man mit Engelszungen redete, und hätte der Liebe nicht?

Ich glaube, wir waren in Turkestan nicht unglücklicher als an irgendeinem anderen Ort. Die Gnade dieser Erde ist überschwänglich, wenn wir nur die Stimme erheben. Eines Morgens hatte ein heftiger Staubsturm eingesetzt, diesmal war auch die Oase von Tash Kurgan heimgesucht worden, die dürftigen Mauern widerstanden nicht, in den Gärten beugten sich die Bäume stumm zu Boden, gelbe Wellen rollten durch die Gassen, Schwaden fegten über die Hütten hin, der ganze Ort war wie in den Qualm einer Feuersbrunst gehüllt. Es herrschte unerträgliche Kälte. Aber diesem Sturm preisgegeben, standen wir im Garten, sahen in die brandende Wüste hinaus, und dann sahen wir uns an. Unsere Augen leuchteten. – Ja, von welcher Gnade lebten wir, fristeten wir unser Dasein? – Dann verließen wir Tash Kurgan. Der blaue Hindukusch wurde Wirklichkeit, wir mußten uns unseren Weg erkämpfen. Aber das war an einem anderen, einem neuen Tag.

[1940]

Dreimal der Hindukusch

Reisende Journalisten pflegen untereinander zu sagen: »Bleibe sechs Wochen in einem Land, und du wirst unbeschwerten Gemüts ein Buch darüber schreiben. Bleibe sechs Monate, und du wirst mit Mühe ein paar Artikel fertig bringen. Wenn du sechs Jahre bleibst, dann schweigst du dich aus ...« – Aber wenn die Regel gelten soll, dann sind Ausnahmen notwendig, und als ich zum ersten Mal, von Norden, aus der glutheißen Ebene Turkestans kommend, den Hindukusch erreichte und seine historischen und grandiosen Pässe überschritt, da war ich in Versuchung, eine Hymne zu schreiben und nichts anderes. Eine Hymne auf seinen Namen, denn Namen sind mehr als geographische Bezeichnungen, sind Klang und Farbe, Traum und Erinnerung, sind Geheimnis, Magie, – und es ist nicht etwa ernüchternd, sondern ein wunderbarer Vorgang, wenn man sie eines Tages wieder findet, beschwert mit Glanz und Schatten, Feuer und kalter Asche der Wirklichkeit. Pamir, Hindukusch, Karakorum, – mir erging es nicht anders als früher, auf der Schulbank, wo ich mich eigensinnig zu glauben weigerte, daß die Namen, die ich lernte und auf der Landkarte las, Gestalt annehmen könnten, bevor ich sie mit Augen gesehen, mit meinem Atem berührt, gewissermaßen mit Händen gegriffen hatte. Die Gleichzeitigkeit von Nähe und Ferne verwirrte mich, mir schien, Vergangenheit, Gegenwart und zukünftige Stunde dürften sich wohl an einem Ort vereinigt finden, um ihm den vollen Gehalt des Lebens zu geben; daß aber das Leben im selben Augenblick hier und dort, diesseits und jenseits der Meere und Gebirge herrsche, das schien mir ernsthafter Bedenken wert. Und solche Zweifel, die behoben sein wollten, haben vielleicht meine ersten Reisen bestimmt: Ich zog aus, nicht um das Fürchten zu lernen, aber um den Gehalt der Namen zu prüfen und ihre Magie am eigenen Leibe zu spüren, wie man die wunderbare Kraft der Sonne im offenen Fenster spürt, die man doch schon lange auf fernen Hügeln sich spiegeln und auf taufrischen Wiesen liegen sah. – Diesmal also war es der Hindukusch, den ich erreichen musste, zweifellos, eines Tages, – denn ich befand mich, von Persien kommend, in den nördlichen Provinzen Afghanistans und wollte nach Süden, um Kabul, die Hauptstadt zu finden, – und zwischen Norden und Süden dieses wilden Landes ist der Hindukusch aufgerichtet wie eine gewaltige Festung. Auch sah ich seinen Namen auf der englischen Karte eingezeichnet und folgte dem einzigen möglichen Weg: von Herat nach Kala-i-Nao, von Kala-i-Nao nach Bala Murghab, nach Maimama und Andkhoi, und dann tauchten die Ruinen von Balkh am Wüstenrand auf, und eine sandige Piste endete in Mazar-i-Sherif, der Hauptstadt von Afghanisch-Turkestan. Jetzt war es nicht mehr weit, und ich hätte meiner Sache sicher sein sollen. Aber wie lange war ich schon unterwegs, und immer pflegten die Leute auf meine Fragen zu erwidern: »Nastik ast, bissjar nastik …«, – es ist nahe, ganz nahe! – Zu Ross oder zu Fuß oder im Eselstrott und wiegenden Kamelschritt der Karawanen? Ein paar Tagesfahrten, ein paar Stunden? Vielleicht verlief die Piste im Sand wie die kleinen Flüsse, die vergebens dem großen Amu-Darja zustrebten, – vielleicht dehnte sich im Süden die Wüste aus wie im Norden, vielleicht dauerte die Augusthitze volle hundertzwanzig Tage wie der berühmte Nordwind von Herat, und vielleicht würde diese Reise am Rand der riesigen Niederungen Turkestans nie ein Ende nehmen.

Eines Nachts, erinnere ich mich, blieb ich mit zwei geplatzten Reifen zwischen den glutgesättigten und gespensterhaft stillen Gartenmauern eines Dorfes liegen, das sich in Ruinen und sonderbaren Lehmklippen zu verlieren schien wie im Labyrinth eines dantesken Hölleneingangs. Der Ort hieß Tash Kurgan, und einige Stunden später ließ der alarmierte Polizeichef meinen Wagen bis zum Tor eines Märchenpalasts eskortieren, der am Ende eines schier endlosen, sanft ansteigenden Gartens weiß im Mondlicht lag. Hinter der hohen Gartenmauer sah ich eine blaue, wunderbare, gleichsam dem Nachthimmel und nicht dieser Welt angehörende Gebirgskette. Dort, dachte ich, konnte es weder Fels noch Gras geben, keine Schluchten und Täler, keine Bäume, Weiden, Hirtenfeuer, keine Gletscher, keine Stürme. Alles war ebenmäßige, samtige Materie, von zartem Dunst umkleidet, von Mondlicht durchtränkt und durchschienen, bis hinauf zum phantasievoll gezackten Kamm, der sich, wollte man ihn berühren, sicher auflösen und den milchigen Wolken vermählen würde. Ich nahm die schöne Vision entzückten Gemüts hin und war nicht neugierig, – aber der Polizeichef von Tash Kurgan ließ es mich wissen: es sei, dort im Süden, die erste Kette des Hindukusch …

Das ist volle vier Monate her oder ein bißchen länger. Was bleibt zu sagen? Die Hymne! – Die Hymne auf das Ende einer Mondnacht und die Straße, die sich zwischen bröckelnden Lehmmauern hindurch wand und die in bleicher Hitze agonisierenden Gärten hinter sich ließ, in einer langen, lichtlosen Dämmerung aufwärts führte durch ein Tal mit flachen, nackten Abhängen, um im plötzlich und herrlich hervorbrechenden Morgenschein Haibak zu erreichen, – Haibak, zwischen jungen Wiesen und sanften Hügeln, gelben Feldern, wiegenden Ähren, lächelnden Baumgruppen und einer alten Brücke über dem frisch rauschenden Fluß. Und dort, neben der Brücke, saßen fröhliche Weißbärte vor einem Tschaikhane, die Füße auf der Strohmatte gekreuzt, neben sich die bunt gesäumten Schnabelschuhe, und der Samowar rauchte, und es gab grünen Tee und warmes Usbekenbrot und duftende Melonen, und die Luft war kühl und von den Bergen kam ein kleiner, verspielter Wind. Später, so erinnere ich mich, kam ein Paß und dann die feuchte, heiße Niederung von Pol-i-Khomri voller Mückenschwärme, Wildenten und Wasserbüffel. Pol-i-Khomri, wo hinter der vorspringenden Nase eines buddhistischen Ruinenhügels plötzlich die Welt sich verändert und mitten in der malariagesättigten Wildnis ein Staudamm auftaucht, Ziegelöfen, halb vollendete

Fabrikgebäude, weiße, mit Wellblech gedeckte Häuser, – und was noch: Teestuben, Bazarbuden, Zeltkolonien, persische, russische, deutsche Aufschriften, russische Flüchtlinge, deutsche Ingenieure – und Usbeken, Turkmenen, Hazara, Tadjiken, Afghanen, zur Fabrikarbeit verurteilte Nomaden, zum Frondienst kommandierte Bauern, das seltsamste Gemisch von Rassen und Sprachen, das neue Proletariat eines der Zivilisation zustrebenden Staates. – Und dies mitten im Hindukusch!

Am Eingang der Provinz Badakhshan, berühmt wegen ihrer schönen, weißmäuligen Pferde, schon zu den Zeiten der Tang-Kaiser und Dschingis-Khans und bis heute! – hinter Pol-i-Khomri wurden die Hügel steiler, die Felsen rückten zusammen, Schluchten taten sich auf, Schatten breiteten sich aus. In unwahrscheinlicher Höhe erblickte man feuerumspielte Bergspitzen, eine blaue Himmelsfahne und blieb Stunde um Stunde gefangen in der düsteren Enge, wo die Karawanen der Uferböschung entlang glitten wie Schatten und schlitzäugige Eselstreiber unter Felsen riesige Feuer anzündeten für eine lange Nacht. Es wurde Morgen und wieder Abend, Tee in Doshi, Forellen und kalter Wind in Bulula, schwarze Nomadenzelte, die letzten turkmenischen Jurten, die ersten langhaarigen, glutäugigen, mit Ohrringen geschmückten und Pushtu sprechenden Männer afghanischer Stämme. Und endlich der Shibar-Pass, so steil und kahl und eindrucksvoll, daß manchmal behauptet wird, dies sei die höchste für Automobile befahrbare Straße der Erde. Jedenfalls aber führt er

Vor Doab, Hindukusch
Afghanistan 1939

hinüber, hinüber zu den Südhängen des Hindukusch und hinab in ein Tal von seltener Lieblichkeit. Ja, hier ist eine mildere Erde, und es gibt Dörfer, es gibt Herden, es gibt duftendes Heu, die großen Winde bleiben zurück, der Atem der Wüste ist gebannt …

Das war vor vier Monaten, sagte ich, oder ein wenig früher. Ich glaubte, damals, es sei meine einzige, meine endgültige Begegnung mit dem großen Hindukusch und ich ließe mit jedem Schritt einen Flecken, ein Büschel Gras, einen Atemzug voll Wind, eine Erfahrung hinter mir, für immer. Was zähle ich Namen auf, von Dörfern, Pässen, Stämmen, – ich vergaß sie, löschte sie aus und glitt durch meinen Hindukusch-Traum wie durch Abenddämmerung, Frühnebel und die hohen Stunden des von starker, gleißender Sonne berauschten Mittags. Und dies alles blieb zurück, ich hatte schon Abschied genommen, als ich in die Ebene von Kabul einbog, die Wochen vergingen ungezählt, es wurde Herbst.

Da fand ich mich eines Morgens wieder unterwegs nach Turkestan. Aufgebrochen noch in der letzten Nachtstunde, sah ich in der Dämmerung das ferne Gebirge auftauchen, blau, kalt, schneegekrönt, und herrlich anzusehen. »Zum zweiten Mal der Hindukusch«, wußte ich, – jetzt aber zählten alle Namen und blieben haften, ich entdeckte mehr Täler, mehr Gipfel, und es stimmte mich hoch und freudig, als ich gegen Mittag einen Baumgarten wieder fand, wo ich schon einmal gelagert hatte, – und am ringsum von kleinen Teestuben umgebenen Platz von Ghorband einen jungen Händler, der mir damals Trauben und

Melonen verkauft hatte und jetzt hundertzwanzig Walnüsse an den Fingern abzählte, für einen Afghani. Aber obwohl meine Erinnerung geweckt wurde und zärtlich belebt durch schöne Ausblicke, die schon einmal geträumt, und Melodien, die schon einmal erklungen waren, so schien mir doch, dieses große Panorama des Hindukusch sei ein anderes, denn ich fuhr nach Norden, den Stürmen entgegen, den von schleichenden Sandwolken verhüllten, bereits von bitterer Kälte heimgesuchten Tiefebenen Turkestans, der Grenze Russlands. Die Reise war streng, mein Herz frohlockte diesmal nicht, als ich mich ihrem Ziel näherte. Und die Gärten von Tash Kurgan, ich wußte es jetzt, waren eine letzte, der gnadenlosen Wüste entrissene, am Fuß des Gebirges geborgene Oase …

Diese Wüste ist furchtbar, ein sterbendes Land. So weit ich auch nach Norden ging, dem unsichtbaren Oxus-Fluß und der verbotenen russischen Grenze entgegen, die Spuren des Todes, Skelette, Tonscherben und die windzerfressenen Ruinenhügel begrabener Städte, Festungen, Friedhöfe, hörten nicht auf. Wassermangel, Einbrüche nomadischer Horden … Gegen Abend, in der immer wie von fernen Gestirnen milchig durchtränken Dunkelheit, wandte ich mich manchmal nach Süden, Trost suchend, und begegnete der nun vertraut gewordenen blauen Gebirgskette. Ihre Wirklichkeit war erwiesen, ihr magischer Name blieb lebendig wie ein mächtiger Herzschlag. Und oben, in den höchsten noch sichtbaren Schluchten, brannte jede Nacht großes Feuer. Wer wärmte sich daran?

Gebet zum Ende des Ramadan
Hindukusch, Afghanistan 1939

Man sollte meinen, die Rückreise über den Hindukusch auf demselben Weg sei ein sehr gewöhnliches, ja, vielleicht langweiliges Unternehmen geworden. Tash Kurgan und Haibak, Doab und Doshi ..., aber die Nächte waren länger und kälter, um vier Uhr waren die Sterne unbeweglich, wie gefroren in blauem Glorienschein, um sechs Uhr begann eine graue Dämmerung, die sich in den Engschluchten von Doab mit dem düsteren Tag zu vereinigen schien, als sollte die Sonne nie mehr scheinen; dafür war die gleißende Pracht der Schneeflächen am Shibar-Paß beinahe tödlich für Auge und Herz der Sterblichen. Und drüben, am Südhang, knieten Hunderte im Turban und wehenden Hemd auf der Kiesbank am Fluß, denn es war das Ende des Fastenmonats Ramadan und ein großer Festtag.

Im großartigen und wechselvollen Gemälde des Hindukusch fehlt mir das junge Grün, der sanfte Wind, der rührende Gesang des Frühlings. Aber man bestimmt seine Träume nicht, und ich wagte es nicht, mich umzublicken nach den versinkenden Schneegipfeln, als ich in die Ebene einbog: Es ist nicht an mir, Gruß und Abschied zu bestimmen und die Grenze zu ziehen zwischen Wirklichkeit und Vision.

Mir bleibt die Magie, der Name, das wunderbar berührte Herz.

[1939]

Die Frauen Afghanistans

Ella und ich hatten bisher nur theoretische Gespräche über die Frauen Afghanistans führen können. Seit mehreren Wochen in diesem streng mohammedanischen Land, hatten wir uns mit Bauern und städtischen Beamten, Soldaten, Bazarhändlern und Provinzgouverneuren angefreundet, waren überall gastfreundlich aufgenommen worden und begannen dieses männliche, fröhliche und unverdorbene Volk liebzugewinnen. In der prächtigen alten Stadt Herat hatten wir den Fechterspielen und dem gemeinsamen Gebet der Jünglinge zugesehen, die sich abends vor dem Tor auf einem Rasenplatz versammelten. Unterwegs auf langen schattenlosen Strecken, wenn wir Halt machten, gesellten sich schlichte Bauern zu uns und teilten mit uns ihre Melonen. Nie hatten wir es nötig, unser Zelt aufzuschlagen und unsere Suppe selber zu kochen. Wir wurden in den Dörfern vom Bürgermeister begrüsst, mit Tee und Trauben bewirtet.

Am Abend führte man uns in schöne Gärten: aufmerksame Diener trugen den »Palaw«, das einheimische Reisgericht, auf, und während wir assen, kam der Gastgeber mit seinem Gefolge, um uns seinen Besuch zu machen, und unterhielt sich oft lange und eingehend mit uns.

Aber wir schienen in einem Land ohne Frauen zu sein! Wir kannten wohl den »Tschador«, das alles verhüllende Faltengewand der Mohammedanerinnen, das mit den romantischen Vorstellungen vom zarten Schleier orientalischer Prinzessinnen wenig gemeinsam hat. Er umschliesst eng den Kopf und ist vor dem Gesicht wie ein Gitterchen durchbrochen und fällt dann in weiten Falten bis zur Erde, kaum die gestickte Spitze und den schiefgetretenen Absatz der Pantoffeln frei lassend. Wir hatten solche vermummten, formlosen Gestalten scheu durch die Bazargassen huschen sehen und wussten, das seien die Frauen der stolzen, frei einherschreitenden Afghanen, die ihrerseits die Gesellschaft und das fröhliche Gespräch liebten und den halben Tag nichtstuend im Teehaus und im Bazar verbrachten. Aber diese gespenstischen Erscheinungen hatten wenig Menschliches an sich. Waren es Mädchen, Mütter, Greisinnen; waren sie jung oder alt, froh oder traurig, schön oder hässlich? Wie lebten sie; mit was beschäftigen sie sich; wem galt ihre Anteilnahme, ihre Liebe oder ihr Hass? In der Türkei, auch in Iran hatten wir Schülerinnen, Pfadfinderinnen, Studentinnen gesehen, auch selbständige, erwerbstätige Frauen oder solche, die auf sozialem Gebiet etwas leisteten und bereits das Gesicht ihrer Nation mitbestimmten, aus dem Leben dieser Nation nicht mehr hinwegzudenken waren. Wir wussten, dass der junge König Amanullah, von einer europäischen Reise zurückkehrend, in Afghanistan überstürzte Reformen eingeführt und versucht hatte, dem Beispiel vor allem der Türkei zu folgen. Er war zu rasch vorgegangen. Am meisten warf man ihm die Emanzipation der Frau vor. Während einiger Wochen war in der Hauptstadt Kabul der Tschador gefallen; dann brach die Revolution aus; die Frauen kehrten in den Harem, in ihr streng abgeschlossenes häusliches Leben zurück und durften sich auf der Strasse nur noch im Schleier zeigen.

Waren die Ansätze zur Freiheit vergessen, die wenigen Wochen des Jahres 1929 aus dem Gedächtnis der Frauen verschwunden?

Als wir einmal Gäste eines jungen, aufgeschlossenen und klugen Gouverneurs irgendwo im Norden waren, wagte Ella die Frage. Unser Gastgeber hatte viel Verständnis für die Notwendigkeiten des afghanischen Staates gezeigt und hatte davon gesprochen, wie der Bau von Strassen das Land dem Verkehr öffnen werde, wie dann Industrien eingeführt, aber auch Schulen und Spitäler eingerichtet würden. Konnte man die Frauen von solch einem Programm des Fortschritts ausschliessen? Mussten sie nicht teilnehmen am neuen Leben und befreit werden aus der abstumpfenden Beschränktheit ihres Daseins? Der Gouverneur antwortete ausweichend. Als wir höflich fragten, ob wir seine Frau besuchen dürften, sagte er zwar zu, fand dann aber eine Ausrede.

Erst in Kaisar, einem kleinen Oasenort in der nördlichen Provinz Turkestan, wurden wir zu unserer nicht geringen Überraschung von »Hakim Saib«, dem Herrn Bürgermeister selbst, ohne viel Umstände durch ein Pförtchen in den inneren Garten seines Hauses geführt, dem Garten seiner Frau und Töchter. Zwei junge Mädchen in Sommerkleidern, das dunkle Haar von luftigen, zarten Schleiern eingehüllt, kamen uns lächelnd entgegen. Sie waren beide auffallend schön, und schön war auch die stattliche, ernst und freundlich blickende Mutter, die uns unter den grossen Bäumen begrüsste, wo Teppiche ausgebreitet waren. Dort spielten auch die Kinder, jüngere Geschwister, und das blonde Bübchen der Schwiegertochter Sarah. Ihr zweites Kind schlief in einer Hängematte im Schatten. Ein wenig abseits, unter dem Vordach des einfachen Lehmhauses, stand der Samowar; man brachte uns zuerst ein Waschbecken und Handtücher, dann Tee und Früchte. Eine Stunde später folgte der Palaw. Die Mutter ass mit uns nach europäischer Manier am Tisch. Die Töchter bedienten uns und assen dann mit den Kindern auf dem Teppich, alle aus der gleichen riesigen Reisschüssel – und mit den Fingern. Zuletzt assen die Dienerinnen die reichlichen Reste. Während die Familie des Hakim die schönen und strengen Gesichtszüge der Afghanen hatte, waren die Dienerinnen offenbar mongolischer Rasse, vielleicht Turkmeninnen oder Usbekinnen.

Nach dem Essen brachte man uns seidene Matratzen und Moskitonetze; aber wir kamen nicht dazu, uns auszuruhen. Obwohl die Mädchen kaum ein Wort französisch kannten und wir nur ein paar Brocken persisch, unterhielten wir uns doch ganz lebhaft. Sie brachten uns einen hellblauen Seidenstoff und eine Schere und wollten, dass wir ihnen ein Kleid zuschnitten. Wir wagten uns aber nicht daran und versprachen, ihnen von Kabul französische Zeitschriften mit Schnittmustern und Modebeilagen zu schicken. Kabul war für die Frauen von Kaisar schon die grosse Welt, die Zivilisation. Und doch waren sie – zuhause natürlich – im Lesen und Schreiben unterrichtet worden und wussten, wo Indien, Moskau, Paris lag, ja sogar die Schweiz war ihnen ein Begriff. Aber sie hatten nie eine Reise gemacht. Sie konnten sich nicht vorstellen, dass sie jemals weiter gelangen würden als bis nach Mazar-i-Sherif, der Hauptstadt von Afghanisch-Turkestan. Hatten sie überhaupt den Wunsch, die Welt kennenzulernen, ein anderes Leben zu führen? Oder würden sie immer im schattigen von hohen Lehmmauern umschlossenen Garten von Kaisar bleiben, unter der patriarchalisch strengen Aufsicht ihrer Mutter und Herrin?

Gegen Abend, als es ein wenig kühler wurde, liess uns der Hakim rufen. Der kleine blonde Yakub durfte uns bis zum Auto begleiten; die Mädchen aber blieben an der Gartenpforte zurück.

Es waren zweifellos kluge, ja begabte und anmutige Mädchen. Wir erinnerten uns an ihr Lächeln, an ihren wachen und freundlichen Gesichtsausdruck. Nur die junge Schwiegertochter hatte manchmal herb und fast böse dreingesehen, während sie ihren Säugling aus der Hängematte nahm und ihm die Brust gab. Sie war hier, in der Familie ihres Gatten eben doch unter Fremden, hatte keinen eigenen Haushalt und hatte keinerlei Freiheit und Rechte.

Wenn diese Mädchen den Garten verliessen, trugen sie den Tschador – und sahen die Welt draussen nur durch das durchbrochene Gitterchen, das ihr Gesicht neugierigen Männeraugen verbarg.

Ein solches Leben konnten wir uns kaum vorstellen. Aber waren diese Frauen etwa besonders unglücklich? – Man kann nur begehren, was man kennt. Und war es richtig, nötig, sie zu bilden und aufzuklären, und ihnen den Stachel der Unzufriedenheit zu geben? – Aber wir lernten bald, dass diese Frage sich gar nicht stellt. Afghanistan entwickelt sich heute nach jenen fatalen Gesetzen, die man Fortschritt nennt und deren Verlauf man nicht aufhalten kann. Als wir von Kabul aus die versprochenen Schnittmuster nach Kaisar schickten, leisteten wir auch einen winzigen Beitrag zu den Folgen dieser Gesetze. Wir bekämpften den Tschador! –

[1940]

Aden, eine Morgenvision

Ich war es gewohnt, jeden Kilometer zu zählen, und jeden Fuß breit Landes zu gewinnen, vom Simplon-Paß und den Ebenen Italiens, den Hügeln Jugoslawiens, den Donaubänken und bulgarischen Rosenfeldern bis zu den glänzenden Toren, Türmen und Moscheen Konstantinopels, vom Schwarzen Meer und dem lieblichen Ufer von Trapezunt bis zum Fuß des einsam in die Wolken Anatoliens ragenden Ararat, vom Felsenstädtchen Maku bis zum Blauen Gebirge von Täbris und zum ewigen, schneegestreiften Gipfel des Demawend, von dem weißen, in Fieberdunst gehüllten Niederungen der Kaspisee bis zum einsamen Mongolengrab am Rand der Turkmenensteppe, – und immer weiter, bis zum goldenen Dom der heiligen Stadt Meshed, bis zur Wüstengrenze zwischen Persien und Afghanistan, bis zu den unsterblichen Minaretten der Musallah von Herat, bis zum Murghab, der bei Merv sich im Sand verliert, bis zum Oxus-Ufer und den einsamen, windgepeitschten Weiten Turkestans, bis zu den Engschluchten und den herrlichen Hindukusch-Pässen, bis Kabul und Ghazni, bis zum Khyber, dem Tor Indiens, – und, Tausende von Meilen weit, durch die in Mondlicht gebadeten Länder, die von Teppichen, Teichen, Blumengärten und weißem

Marmor schimmernden Städte Hindustans bis nach Bombay. Dort war das Meer und das Ende meiner Reise, – und ich sah, während ich im lauen Salzwasser der sanft geschwungenen Bucht von Bandra schwamm, einen Horizont von Palmen, Strohhütten, weiße Rinder, und hörte die Sirenen heimkehrender Schiffe. – Der Indische Ozean, das Arabische Meer –, jetzt ist alles anders, ganz anders, die Geduld erschöpft, der Wille gelähmt; wie im Traum, und der Mond ist untergegangen, der Dampfer stampft sich seinen Weg, westwärts, – ich brauche nur zu warten, wie die anderen Reisenden, und werde eines Tages in Genua landen. Man verlangte wenig von uns, – nur dies, täglich unsere Uhr um eine halbe oder ganze Stunde zurück zu stellen, denn wir umsegeln den Erdball, sind im Wettlauf mit der Sonne begriffen! – Aden, Mocca, Massaua, Rotes Meer oder Suezkanal, Port Said, – nur Stationen am Wege, nur Namen, bedeutungslos, verführend, für unsere Heimkehr bleibt es sich gleich, ob das Meer dem Blick unendlich scheint, von Sonnenlicht und leichter Brise gekräuselt, oder ob Ufer sich zeigen, Wüsten sich spiegeln, Felsen sich häufen am Rand des Glücklichen Arabiens. Wieviel Meilen, wieviel Tage, wieviel Papierfähnchen auf der meinetwegen imaginären Weltkarte? – Aber es ist heiß, die Luft bleiern, der Schlaf schwer, – und die Stunden streichen über das Deck, über mich hinweg, sie sind ohne wirklichen Gehalt.

Ich zähle an den Fingern: vier Tage seit Bombay, – und höre einen sagen, der neben mir an der Reeling lehnt und sich das nachtschwarze Meer anschaut:

»Morgen sind wir in Aden. Ein trostloses Nest! – Nichts zu sehen, kein Fleckchen Grün, kein Tempel, kein Denkmal, – kein anständiges Restaurant zu finden, die Bar im Crescent Hotel ist ein Witz, die Preise sind unerhört, das Klima entsetzlich, – es lohnt sich nicht, an Land zu gehen!« – und sein Nachbar, ein Schiffsoffizier, kündigt an: »Man wird es den Passagieren ohnehin nicht erlauben. Wie lange wir bleiben? – Niemand weiß es, – vielleicht zwei Stunden, vielleicht zwei Tage, – jawohl, das kommt vor, es hängt von den englischen Hafenbehörden ab. Es ist Krieg, mein Herr, – Krieg, – und unsere Gesellschaft, die italienisch und neutral ist, übernimmt keinerlei Garantie für den ungestörten Verlauf der Reise ...«

Im Traum dann, ein wenig später, erinnere ich mich an eine Schulstunde: »Aden, liebe Kinder, am Persischen Golf, der Straße von Omar, dem Panama-Kanal? – Aber schämt euch, welche Verwirrung! – Denn Aden, merkt es euch, liegt an der Südwestecke Arabiens, am Eingang des Roten, nicht des Toten Meeres, zwischen Asien und Afrika, und ist eine höchst wichtige Festung des Britischen Weltreichs.«

Ich träumte auch von der Königin von Saba, und besann mich verzweifelt auf den schönen Namen Hadramauth, wo mitten in der Sandwüste die Wolkenkratzer erfunden wurden. Träume, – natürlich Träume, und nicht mehr! – Als ich erwachte, mußte es das gewöhnliche Schauspiel sein, Morgennebel, ein wenig Gelb am Horizont des von den Dichtern gepriesenen Meeres, – und eines neuen Tages trauernde Wiedergeburt.

Da sah ich Felsen, und das Stampfen der Maschine setzte aus. Die Sonne mochte aufgegangen sein, – diese unzuverlässigen, dauernd in Sprüngen sich verändernden Schiffsuhren zeigten acht Uhr, – aber der Himmel war grau, die Schwefelglut verbarg sich hinter einer Herde dichter Wolken, und die Felsen schienen aus einem fürchterlichen Nichts aufgestiegen, und ehern, schwarz, – keine glückliche Küste, diese erste Sicht Arabiens!

An Bord unseres Dampfers ging es aufgeregt zu. Den deutschen Passagieren wurden die Pässe abgenommen, Engländer patrouillierten in kurzen Khakihosen und Tropenhelm, die Italiener taten sich mit Papieren wichtig und verweigerten jede Auskunft. – An Land gehen? – Auf eigene Gefahr! – Und den Photoapparat in der Kajüte lassen, gefälligst! – Die Abfahrt nach Massaua, dem aethiopischen Zukunftshafen, findet pünktlich statt, wir wissen nicht genau, wann. Jawohl, dies, was Sie vor sich sehen, ist zweifellos Aden ....

Und ich befand mich an Land, – zweifellos in Aden. Die schwarzen Felsen bildeten einen Zirkus und waren kahl, baumlos, ohne Quellen, und schienen keinen Schatten zu werfen. In ihren grausamen Schoß gebettet lag diese menschliche Siedlung, Aden. Alle drei, alle zehn Jahre fällt Regen und füllt die gigantischen, dem Stein abgerungenen Tanks, die einige Millionen Liter fassen, heute noch von den schwarzen Kulis benutzt werden, in von Staudämmen geformten Kaskaden von der Felsenhöhe durch die Engschlucht bis zum Meer hinabsteigen, und aus grauer, unbekannter Vorzeit stammen. – Acht Annas, bitte, um die Gärten zu betreten und unsere Tanks zu besichtigen! – Die Gärten! Ein wenig Grün, morgenfrisch, wie Smaragd in unserer Oednis, in der wir leben, – und Bazargassen, Kasernen, Häuserbaracken haben, – einen englischen, einen arabischen und einen sehr großen jüdischen Friedhof, – Hospitäler, Schulen, Polizeiposten, eine Radiostation, ein Hotel, ein Café. – Dort frühstücken gerade sieben junge, blonde Engländer, und nebenan werden Rupees in Pfund Sterling, Pfunde zu günstigstem Kurs in Lire gewechselt, und japanische Kimonos, amerikanische Zigaretten zu Schleuderpreisen verkauft. Eine asphaltierte Straße führt über den Hafen empor, wo dreieckige Segel sich am Mast breiter, meertüchtiger Kähne bäumen: von schwarzen, schmaläugigen, schmalhüftigen, mit wunderbar heiterem Sünderlachen begabten Knaben gesteuert. – Dort drüben, wo weiße Pyramiden gleißen, ist der Strand flach, die Hitze dort ist unwahrscheinlich, – es handelt sich um die von Italienern ausgebeuteten Salinen.

Aber zwei Felsen rücken zusammen und bilden eine Paßhöhe und ein Tor – Festungsmauern eilen von den Höhen herab, treffen sich, wölben sich zur Brücke über der Straße, das Meer bleibt zurück, der Zirkel schließt sich, – und das Dächermeer zu meinem Füßen ist das alte und echte Aden, die Stadt der Hindus, Araber, Mischlinge und Negerknaben, ein schmutziger und armseliger, ein uralter von Geheimnissen beladener, an Elfenbein und Sandelholz reicher, in hellen Nächten von Alabaster schimmernder Ort. Mein Führer meint es gut mit mir, er zeigt mir das Kino und das Gefängnis, dessen gelbe Mauern mit

Flaschenscherben gespickt sind, die Stacheldrahtzäune um die Baracken der Strafbataillone, die Kanonen auf den Felskämmen – es sind ihrer Tausende, diese Festung ist uneinnehmbar –, die Schulen für kleine Mädchen und die englische Kirche, und schenkt mir, während er anderthalb Rupees oder zwei Schillinge für die Wartezeit berechnet, eine hellrote Blume aus dem, weiß Gott! – wunderbar bewässerten Garten namenloser arabischer Könige.

Ich verdanke es einem Zufall, ihr in den Alabaster von Saba gekerbtes Antlitz und ihren in unentzifferter, wunderbar klug anmutender Bilderschrift auf die mondfarbige Stelle gesetzten Namen zu erblicken. Denn ich fand das Museum eines Juden, – einen Kellerraum, es kostete sechs Annas, das rostige Schloß öffnen zu lassen. Da reihten sich die Münzen, die zerbrochenen Füße, die Kettenhemden, da schauten an die Hunderte von Arabergesichtern, bärtigen Ahnen, Königen, Göttern, Priestern längnäsig und eintönig auf mich herab, – neben sich ihre blutrünstigen, sanften, ausdruckslosen Mond- und Muttergöttinnen. Mir verging der Atem, ich war froh, das Freie und die salzige Meeresluft zu gewinnen. – Einen Whisky! – Einen arabischen Kaffee, ein französisches, pseudoenglisches Gebäck, eine Camel-Zigarette!

Und alles war zu haben. Die jungen Engländer, den Tropenhelm unter den Arm geklemmt, bestellten Steaks und pommes frites. Die Sonne von Aden brach endlich aus machtlos zergehenden Wolken hervor.

Ich erinnere mich nicht genau, wie ich das Meer fand und dann die Schiffstreppe wieder erreichte.

Die Maschinen stampften und dröhnten, ich richtete meine Uhrzeiger und fand, daß es Abend geworden war.

»Aden«, sagte ich mir, »Aden, das war Aden«, hämmerte ich mir ein. Und sah durch das runde Lukenfenster die in das unsterbliche Weltall-Licht tauchende Vision eines Felsenzirkus, und einen dunkelhäutigen Knaben, der seine nackten Füße gegen die Wand seines schweren, uralten Ruderbootes stemmte ohne Abschiedsgruß.

[1940]

Welt-Landschaft

Wenn ich jetzt an die Vergangenheit zurückdenke, ist mir immer, als dächte ich an ein anderes Leben, von dem ich schon so endgültig getrennt bin, wie die meisten Erwachsenen von ihrer Kindheit getrennt sind. Sie erinnern sich wohl daran – an die Sommertage –, als sie mit den Geschwistern im schattigen Garten saßen und die nackten Füße über den Brunnenrand in das kühle Wasser baumeln ließen, Sonnenflecke tanzten über ihre braungebrannten Arme, Schmetterlinge gab es, und auf der frischgemähten Wiese fielen runde, reife Mostbirnen platzend ins Stoppelgras. Die Aeste des alten Birnbaumes waren morsch, es war verboten, hinauf zu klettern, aber manchmal konnte man der Lust nicht widerstehen, und die rauhe, bröckelnde Rinde des Stammes rieb die Knie wund. An den Winter erinnern sie sich – wie es frische Nüsse und die ersten Mandarinen gab, wie das Haus nach Weihnachtsgebäck roch, und wie man jeden Morgen, wenn man, während es draußen noch dunkel war, zur Schule geweckt wurde, an das vereiste Fenster lief, ob Schnee gefallen sei. Wenn genug Schnee lag, wurde der schwedische Schlitten mit den langen Bambusdeichseln aus der Remise geholt, der Rappe Quinquin davor gespannt, und man fuhr in den von Fichtenzapfen knisternden, sehr stillen Wald, schmalen, verschneiten

Wegen entlang, da schlugen einem Tannenzweige ins Gesicht. Wenn man krank war, mußte man den Fieberthermometer zehn Minuten lang unter dem Arm halten, nachher brachte die Köchin Schleimsuppe, im Zimmer wurden die Vorhänge heruntergezogen, aber die Sonne wärmte es noch, und während man nach dem Mittagessen schlafen sollte, summten am Fenster die Fliegen, man wußte, daß draußen weiße Wolken geballt wie Segel vorüberzogen und ein leiser Wind die Blütenbäume im Garten bewegte.

Wie kommt es, daß später, wenn man erwachsen ist, die Birnen nie mehr den gleichen Geschmack und die gleiche, warme Süße haben, daß Zucker mit Zimmet anders schmeckt, und der gleiche, frostverhangene Wald traurig ist, der früher voll war von Schellengeläut und sanften Rehaugen?

Die meisten erwachsenen Menschen leben so, als hätten sie keine Kinderzeit verbracht. Sie ziehen von einer Wohnung in die andere, kaufen sich Möbel, leben mit einer Frau zusammen – und jeden Augenblick könnte die Frage auftauchen, warum sie gerade diesen und nicht einen anderen Beruf gewählt haben – warum nicht eine andere Frau geheiratet, und warum sie gerade in dieser Stadt leben. Ob dies alles endgültig und unwiderruflich sei? Sie leben voraussetzungslos, wie Hochstapler und Emporkömmlinge, von einem Tag zum anderen, von der Hand in den Mund, sie hüten sich wohl, zu fragen, wes Geistes Kind sie sind. Aber dann braucht nur ein Wort zufällig zu fallen, »Kartoffelfeuer«, »Geographiestunde« oder der Name »Ahornallee«, – und sie sind verloren, weinen ....

Ich möchte heute nicht, daß mich einer an Namen erinnert. Der Sommer in Amerika, auf einer der Küste von Massachusetts vorgelagerten Ozean-Insel, ist nicht etwa nur erträglich, sondern schön –, so daß ich mich eines baldigen Tages mit Heimweh daran erinnern werde. Da gibt es Heide und blühenden, gelben Ginster, da gibt es Meerbrise und weißen Sand, da gibt es von Heckenrosen bedeckte Hausdächer, alte, holprig gepflasterte Straßen, einen kleinen Hafen, gefüllt mit Bläue, flitzenden Segelbooten, schaukelnden Jachten, nachts braten die Leute über offenen Feuern Fische am Strand, und der Nebel lagert weiß über dem Meer. Das Mitsommerfest in Schweden habe ich nicht gefeiert, auch nicht den Ersten August der Schweizer Heimat. Aber leicht hätte man hier, auf der Insel, einen mit Bändern und Tannreisern geschmückten Maibaum aufrichten, ein Augustfeuer anzünden können, leicht! – Nur war es mir lieber, daß viele heimatliche Festdaten unbemerkt vorübergingen.

Einmal –, es ist noch nicht so lange her, vielleicht ein Jahr –, sagte mir ein Inder, daß ich beim Aufwachen jeden Morgen zuerst nicht an mich, sondern *an die Welt denken* sollte, auch kein Gebet sprechen, sondern nur still, die Augen noch geschlossen, meine Gedanken sammeln und dann aussenden sollte über alle Hügel, über die gerade vom ersten Sonnenstrahl berührten Schneeketten, die noch im Schatten ruhenden Täler, die jubilierend über kaum gereiften Aeckern emporsteigenden Lerchen, die Ebenen, die geblähten Segel der früh ausfahrenden Fischerboote, die rauchenden Schornsteine, die Städte, die noch unbelebten Straßen und die vom leisen, gleichsam rauschenden Tritt der Herden früh bewegten Steppen im Osten. Ich war damals unterwegs, und schlief meistens in einem Zelt, in meinen Schlafsack gewickelt. Täglich näherte ich mich durch Wüstensand und Hitze ein paar Meilen den ewig kühlen, blau schimmernden Zinnen des fernen Hindukusch –, täglich lag ich in anderen, fremden Gärten, lebte von Reis, Weintrauben und Melonen, und wußte, daß ich genau so gut eines Tages erwachen, meinen Stolz mit Füßen treten, und dann keinen Schritt mehr tun, keinen Gedanken, kein Gebet mehr formen könnte –, sondern liegen bleiben im Rebengarten des Herrn, liegen unter den herrlichen Winden der Hochebene, bei den Nomaden –, von Granatäpfeln und blauen Küsten träumen, für immer.

Ich glaube, daß mir in solchen Versuchungen der Ratschlag des Inders ziemlich viel geholfen hat. Denn wir müssen ja leben, auch ohne Hoffnungen zu hegen, und jeder Tag ist unwiederbringlich, jede Stunde kann das Ende sein, der entscheidende Schritt. Ich dachte beim hoffnungslosen Erwachen, wenn die Luft dumpf war und die Hitze schwer durch die Zeltwände strömte –, ich dachte zuerst an eine taufrische Wiese im Engadin, und wie sich der bläuliche Rauch so fröhlich über weißen Schornsteinen kräuselte und den Wölkchen aus dem Fextal begegnete, ich dachte an die blaue, von Tannengrün genährte, vom Bergwind leicht bewegte Fläche der Seen, dann an den rhythmischen Schritt der Mäher –, dann an Möven, Brücken und Schüler, die über den nassen Asphalt dem Gymnasium auf dem Hügel zueilen, von blauen, klingelnden Trambahnen überholt. Ich dachte an die sammtene Morgenstunde über den großen Feldern der Tschechoslowakei, an den weichen Tritt trabender Pferde in den Sandwegen von Ostpreußen, an die brütende Stille zwischen den Lehmmauern eines persischen Dorfes, an das Trugbild eines weißen Dampfers in der siedenden Hitze der Kaspisee, wo Seeadler langsam ihre Flügel bewegen, und wo die Kaviarfischerei von Meshed-i-Sehr wie ausgestorben ist, ich dachte an windbestrichene Aehrenfelder, an Schatten, an Waldweiher, ich weinte und dachte an Gletscher, Kaschmir, schließlich an die kristallene Weiße des Himalaya. Ich folgte dem Rat des Inders und versuchte zu denken: Göttlicher Segen über jedem Fleck, über allen Weiten –, dabei weinte ich vor Heimweh. Man fragte mich: »Genügt es Dir nicht, zu wissen, daß sie zu Hause, heute am ersten August, feiern und die Freiheitsfeuer anzünden? – Genügt es Dir nicht, daß auf den großen Straßen der Welt friedliche Karawanen ziehen, auf den Meeren die Segel, daß Flugzeuge heute von Bagdad starten und morgen landen in Indochina, daß die besten Bergsteiger der Schweiz und der Tschechoslowakei in diesen herrlichen Augusttagen mit ihren Trägerkolonnen in die Eisschründe des noch unbesiegten Himalaya aufsteigen, während drüben in Tibet pergamenthäutige Mönche, die noch nie ein Flugzeug gesehen haben, ihre Gebetmühlen drehen und Hirse essen?« – Ja, es genügte mir – und während ich mich aufraffte, um die Handtaschen zu verladen, und den Wagen in Gang zu bringen für weitere fünf oder fünfzehn Meilen durch Turkestan, hatte ich höchstens einzuwenden:

»Aber Tibet –, das Land jenseits der indischen Gebirge, habe ich noch nicht gesehen, noch nicht den windgeschaukelten Klang einer Klosterglocke vernommen, noch nicht genug Durst und Hunger gelitten, mir nicht die Augen versengt …«.

Wahrscheinlich lebte ich damals noch wie ein Kind – von Träumen. Der Titel für eine kleine Beschreibung kam mir damals in die Feder: »Der letzte Monat im Paradies«, – weil, als ich es aufschrieb, der Krieg in Europa schon ausgebrochen war, und alles bisher Geliebte im blauen Licht der Vergangenheit sich rasch verzehrte. Seither ist erst ein Jahr vergangen. Gewiß, wir leben nur vierzig oder siebzig Jahre, aber selbst an der Ewigkeit gemessen, ist ein Jahr viel, es kann ein einziger verpaßter Augenblick sein, ein nie wiederkehrender Augenblick, es ist nichts und ist vergessen. Von Reue möchte ich jetzt gar nicht reden. Mag der Schrei »zu spät« ein Trost sein – nicht für mich. An jedem Abend, in jeder Minute des erlöschenden Lichts weiß ich, was ich verloren habe.

Die im Höhenwind schaukelnden Glocken der tibetanischen Klöster, die silbernen Posaunen, die gleißenden Sandpisten der Mongolei! Werde ich noch einmal das Trugbild eines Horizonts erreichen? Und was ich besaß, halte ich es noch, bin ich denn noch der gleiche Mensch, der namenlos und ohne Verpflichtung war, und auf dem Hügel von Aleppo kleine Falken kreisen sah, über Bagdad die goldenen Kuppeln von Kadimein, – im barbarisch bunten Kloster Petseri am Peipus-See mit langhaarigen Mönchen um ein Mittagessen würfelte, in Rußland in der Sommerhitze

Wassermelonen kaufte, noch eben im Kaukasus eine ungebärdige Stute ritt und das weiße Maul ihres Fohlens liebkoste, in den finnischen Wäldern trotz der Stahlbläue kühler Seen im Fieber phantasierte, und mich an soviel Enden der Welt schon verloren, verirrt und für immer ausgestoßen glaubt?

Warum bin ich denn jemals zurückgekehrt.

»Sende die segnend ausgebreiteten Gedanken über die Welt«, – vielleicht liest der indische Weise keine Zeitungen und weiß nichts von den Tagesneuigkeiten. Vielleicht stören keine Flüchtlingsschreie seinen Frieden, und Bombenflugzeuge, Gase, Fallschirme, die mit Füßen getretenen, zertrampelten Menschenleben, sie gehen ihn nichts an. Er mag auf einer Insel besonderer Art, auf einer Lotusblüte leben und sinnen – stört seine Kreise nicht!

Es gibt im Menschenleben freiwillige Entschlüsse. Der Weise, der sich entschloß, der Welt zu entsagen, und, alles verstehend, alles verzeihend, der vollkommenen Glückseligkeit entgegenzuleben, er hätte für Dreyfus nicht die Stimme erhoben, und wird auch heute keine Hand rühren, kein Urteil fällen. Der Arme, der sich der Knechtschaft fügt, wird sich fügen, um eines Stückes Brot willen. Noch einer, der weder Brot noch Glück erkaufen will, kämpft und vergeht, vielleicht sozusagen vergeblich. Denn Flut und Ebbe gehen über ihn hinweg, vielleicht wird er zum Namenlosen, vielleicht zum Helden.

Denke ich heute an das große Gemälde der Welt, dann kann ich nur die Augen schließen. Ich breite nicht die Arme aus, sehe keine gesegneten Fluren und goldenen

Städte. Früher dachte ich an den Frieden einer kleinen Hafenstadt in Frankreich, an finnische Krebsgerichte, an den aufgerichteten Maibaum, an mähende Schnitter, Aehrenleser, Augustfeuer, an die Arbeit und den Gesang, den Feierabend des freien Mannes, an seine aus Feldsteinen aufgerichtete Hütte, an sein im Nachtwind schaukelndes Boot, an seine scharrenden Pferde, an seine Fahnen und Freiheiten. Melonenfelder waren gut genug, vom sengenden Turkestanwind getriebene Windmühlen, braune Segel vor griechischen Inseln, – und bei den Festen der Pilger auf Salamis, beim ersten Anblick der gestürzten Marmorsäulen von Athen bebte das Herz, bebte das Herz wie beim Saitenspiel.

Auf meiner stillen, von Meerrauschen und weißen Nebeln gesegneten Insel sage ich mir nur: »So wollen Menschen leben, – so von Mais, Hafer und Korn, frischgefangenen Fischen und im Moor gesammelten Preißelbeeren, – so freundlich wollen Menschen zueinander sein, wie hier die Polizisten und Negerwäscherinnen, – so harmlos sind eigentlich die Menschen.« Und selbst ohne Menschen, – wie nebelverloren, wie still, wie am Kaminfeuer sitzend und in der Morgenfrühe über verhangene Felder reitend könnte ich hier mein Leben, ein ganzes Leben und einen einzigen Augenblick verbringen ...

Da sende ich meine wunschvollen Gedanken, meine Gebete, meinen Stolz und Glauben, beim Erwachen wieder über die Welt. Und balle schlaftrunken die Finger zur Faust.

[1940]

Nachwort

Die Schweizer Schriftstellerin, Reporterin und Fotografin Annemarie Schwarzenbach (1908–1942) war eine passionierte Reisende – das zeigen ihre zahllosen Reisen durch Europa, aber auch nach Russland, in die USA und nach Afrika. Zugleich war sie eine passionierte Schriftstellerin – sie schrieb darüber eine Fülle von Reportagen, Bildberichten und Erzählungen. »Wirklich, ich lebe nur wenn ich schreibe«, notierte sie am 30.8.1939 in ihrem Kabuler Tagebuch. Dem Orient galt ihre ganz besondere Aufmerksamkeit, fuhr sie doch insgesamt viermal in den Nahen Osten bzw. nach Asien, und dies jeweils für mehrere Monate. Mehrfach wirkte sie dabei an Ausgrabungen amerikanischer bzw. französischer Archäologen mit. Ein Drittel ihrer 300 mittlerweile bekannten Reisetexte sind dieser Region der Welt gewidmet, ebenso ihre beiden Erzählsammlungen *Der Falkenkäfig* und *Die vierzig Säulen der Erinnerung*. Auch ihr wohl berühmtestes Buch, *Das glückliche Tal*, spielt in Persien.

Die Route ihrer ersten Orientreise 1933/34 verlief über die Türkei, Syrien, Libanon, Palästina, Irak bis in den Iran, dem damaligen Persien, von wo aus sie über Baku nach Europa zurückkehrte. Weitere Orientreisen führten sie 1934 und erneut 1935 nach Persien, wo sie sich mit dem französischen Diplomaten Claude

Clarac verheiratete. Ihre letzte und spektakulärste Orientfahrt erfolgte 1939/40 zusammen mit der Reiseschriftstellerin Ella Maillart – in einem nagelneuen 18 PS-starken Ford Roadster ging es von Genf aus bis nach Afghanistan. Nach Beginn des Zweiten Weltkriegs kehrte Annemarie Schwarzenbach über Indien zurück nach Europa, um alsbald in die USA und zuletzt nach Afrika, in den Kongo zu fahren. Den Orient hat sie bis zu ihrem frühen Tod 1942 in ihrer Wahlheimat Sils nicht wieder gesehen.

*

Reisen bedeutete für Annemarie Schwarzenbach und ihre Generationsgefährten wie etwa Erika und Klaus Mann oder Ruth Landshoff-Yorck, mit denen sie eng befreundet war, etwas Selbstverständliches, schien eine völlig normale Existenzweise jedenfalls in jenen privilegierten Kreisen, zu denen sie zählte, Klaus Mann schrieb einmal von den »Zwangsideen unserer Generation: immer fort zu müssen«.

Welch ungeheure Faszinationskraft dabei gerade der Orient ausübt, bezeugt die europäische Reisetradition vieler Jahrhunderte. Sei es der Nahe Osten mit seinem Harun-al-Raschid-Glanz, sei es das geheimnisvolle Persien oder das weniger bekannte Afghanistan – in der Konstruktion ›des Orients‹ scheinen sich Abenteuerlust und Eskapismus, Sehnsucht und Vorurteil, Fremdheit und 1001-Nacht-Träume zu treffen. Insofern begab sich Schwarzenbach in die Spuren ungezählter Vorbilder, von Pierre Loti bis Gertrude Bell, von Leopold Weiß bis Freya Stark.

Schwarzenbachs Orient ist zwar geographisch heterogen, aber er markiert einhellig das – und – die Fremde.

»Die Fremde begann«, schreibt sie in *Neben dem Orient-Expreß*, »wir würden keine Autostradas mehr haben, die Sprache der Bauern nicht mehr verstehen«, heißt es. Man sieht »all das Längstbekannte: den farbigen Orient«, aber eben auch: »das Nie-ganz-zu-Erfahrende« (in *Istanbul*). »Haben wir, früher einmal, Sitten und Gebräuche fremder Völker studiert? Gut und recht, aber wir lernten nicht, wie der Afghane seinen Turban windet, und wußten nicht, wie der tägliche ›Palaw‹ schmeckt, in einem Land, wo man täglich Reis und Schaffleisch zu essen bekommt« (in *Die Steppe*).

Offenbar ermöglichten und erforderten Orient-erfahrung und Orientwahrnehmung Grenzüberschreitungen – das Gefühl oder Bewusstsein, innerlich und äußerlich »am Ende der Welt (zu) sein« (in *Persepolis*). So schreibt sie: »Die Gleichzeitigkeit von Nähe und Ferne verwirrte mich, mir schien, Vergangenheit, Gegenwart und zukünftige Stunde dürften sich wohl an einem Ort vereinigt finden, um ihm den vollen Gehalt des Lebens zu geben« (aus *Dreimal der Hindukusch*). Die immer extremeren Landschaften, die Wüste, die sie einmal »die ungeborene Welt« nennt (in *Nachtflug über die Wüste*), die unwegsamen Geröllhalden und die Straßen und Wege ›ohne Ende‹ sind auffälligste Bilder und Metaphern für einen

Versuch, Probleme derartiger Grenzüberschreitungen zur Sprache zu bringen.

*

Annemarie Schwarzenbach hat eine Art Philosophie und Poetik des Reisens entworfen. In *Die Steppe*, einem Schlüsseltext für ihre orientalischen Erfahrungen, schreibt sie: »Die Reise aber, die vielen als ein leichter Traum, als ein verlockendes Spiel, als die Befreiung vom Alltag, als Freiheit schlechthin erscheinen mag, ist in Wirklichkeit gnadenlos, eine Schule, dazu geeignet, uns an den unvermeidlichen Ablauf zu gewöhnen, an Begegnen und Verlieren, hart auf hart.« Reisen wird zum Synonym für die menschliche Existenz überhaupt: »›Unser Leben gleicht der Reise …‹, und so scheint mir die Reise weniger ein Abenteuer und Ausflug in ungewöhnliche Bereiche zu sein, als vielmehr ein konzentriertes Abbild unserer Existenz.«

Aber damit ist keiner Reisewahrnehmung oder gar Reiseliteratur das Wort geredet, die jedwede soziale und politische Gegenwart ausblendete. Im Gegenteil, Schwarzenbach war alles andere als eine unpolitische Autorin. Die tiefe politische Verunsicherung in den 1930er Jahren, wie gegen den Faschismus und gegen den Krieg zu kämpfen sei, holt sie auch im von den Schauplätzen der Krise so weit entfernten Orient ein. Trotz aller Ichzentriertheit bis hin zum Egotrip, den wir bei Schwarzenbach auch finden, münden ihre Reportagen nicht in eine allein existenzialistische

Prosa, sondern bewahren eine dezidiert historische und soziale Dimension. Eine historische Dimension, weil die Archäologin, die sie auch ist, jene Erdschichten der Tradition und auch des Unterdrückten freilegt, auf denen sich allererst die heutigen Konstruktionen des Lebens aufbauen. Eine soziale Dimension, weil die hellwache Reporterin sich gehalten sieht, nicht nur über die eigene Fremde, sondern auch über die Fremde des und der Anderen zu schreiben – Impressionen über Land und Leute, und seien es Impressionen über Modernisierungsprozesse in der Türkei, im Iran und in Afghanistan oder über den Tschador der orientalischen Frauen.

In einem unveröffentlicht gebliebenen Afghanistan-Artikel thematisiert sie genauer die Nähe von Schreiben und Reisen: »Heute über ein fernes, asiatisches Land zu schreiben, bedeutet für mich immer eine Versuchung, – die Versuchung, mich selbst innerlich weit weg zu begeben von der Welt der uns täglich umgebenden Tatsachen und Probleme, – genau wie ich beim Antritt einer grossen Reise von allen Gewohnheiten des Alltags Abschied nahm, und glaubte, ich würde jenseits einer mir noch unbekannten Grenze auf meinem Wege ein ganz anderes, ganz neues Leben finden, ein Leben ohne Traditionen, Konventionen und Gesetze, – eine Form der Freiheit, eine absolute Form. Und dieser Wunsch, die Sehnsucht nach dem Absoluten, ist ja wohl der eigentliche Antrieb jedes echten Reisenden. Vermutlich bin ich ein solcher unheilbarer Reisender.«

*

Orientreisen. Reportagen aus der Fremde fußt auf dem Buch gleichen Titels, das 2010 in diesem Verlag erstmals erschienen ist. Die hier vorliegende neue Ausgabe wurde für die Reihe *blue notes* leicht gekürzt, wobei die Grundstruktur des Bandes nicht angetastet worden ist. So bieten die dargebotenen Reportagen aus den Jahren 1933 bis 1940 ein geographisches Arrangement, das als eine Art imaginäre Reise immer weiter »nach Osten, einem weiten Horizont entgegen«, wie es einmal heißt – von der Türkei und Anatolien nach Syrien, den Irak und in das damalige Persien bis hin nach Afghanistan, dem End- und Umkehrort.

Dabei folgt der Abdruck der Texte genau jenen Originalen, die seinerzeit in der Schweizer Presse erschienen sind und übernimmt demgemäß neben der Schweizer Orthographie auch Eigenheiten in der Schreibweise von Orts- und anderer Namen.

Walter Fähnders

Unda Hörner
Hoch oben in der guten Luft
Die literarische Bohème in Davos
blue notes 26, 128 Seiten,
Halbleinen, Fadenheftung
ISBN 978-3-938740-03-3

Schriftsteller und Künstler aus aller Welt ließen sich immer wieder vom morbiden Charme des Luftkurortes inspirieren. Ein faszinierendes Kapitel europäischer Kulturgeschichte in vier biografischen Episoden zu Katia und Thomas Mann, Klabund, Gala Dalí und Paul Éluard sowie Mopsa Sternheim und René Crevel.

»Es wurde getanzt, gelacht, gesungen, gehustet und auf den Korridoren geküsst.«

Klabund

– www.ebersbach-simon.de –

Alexandra Lavizzari
Fast eine Liebe
Carson McCullers und
Annemarie Schwarzenbach
blue notes 65, 144 Seiten,
Halbleinen, Fadenheftung
ISBN 978-3-86915-139-7

Carson McCullers, *shootingstar* der amerikanischen Literatur der Vierzigerjahre, und die Schweizer Reiseschriftstellerin Annemarie Schwarzenbach waren Seelenverwandte und Schwestern im Geiste, die tragische Geschichte ihrer unerfüllten Liebe ist in die Literaturgeschichte eingegangen. Die Beziehung der beiden Frauen, die stets zwischen euphorischer Faszination und vorsichtigem Rückzug pendelte, fand jedoch gerade in ihrer Unerfülltheit einen besonderen, kreativen Reiz.

»In ihrem Buch zeichnet Alexandra Lavizzari einfühlsam die schwierige Liebesbeziehung zu Carson McCullers nach.«

Neue Zürcher Zeitung

Abbildungsnachweis
Alle Fotos: Schweizerisches Literaturarchiv/
Schweizerische Nationalbibliothek, Bern

1. Auflage 2017

Coverfoto: © KEYSTONE/Fotostiftung Schweiz/
Marianne Breslauer
Umschlaggestaltung: Lisa Neuhalfen, moretypes, Berlin
Satz: Birgit Cirksena · Satzfein, Berlin
Druck und Bindung: GGP Media GmbH, Pößneck
ISBN 978-3-86915-150-2

www.ebersbach-simon.de